JN439463

# 수탉도 수탉 나름

현 대 수 필 가 1 0 0 인 선 · 90

# 수탉도 수탉 나름

**김예경** 수필선

좋은수필사

■ 책머리에

수필은 누구나 부담 없이 읽고, 마음만 먹으면 직접 쓸 수도 있는 가장 친근한 문학이다. 다른 영역의 문학이 영상매체에 밀려 신음하고 있는 중에도 수필 인구만은 날로 증가하여 바야흐로 수필 전성시대를 구가하고 있는 이유도 거기에 있을 것이다.

시대적 추세에 힘입어 수많은 수필전문지, 수필동인지가 창간되고, 이에 비례하여 신진 수필가도 날로 늘어나다 보니 이제는 그 많은 작가, 그 많은 작품 중에서 문학성 높은 작품을 가려 읽는 일이 쉽지 않게 되었다. 이런 현상은 작가에게나 독자에게나 결코 바람직한 일이 아니다. 더 나아가서는 수필을 연구하는 후세들에게도 큰 부담이 될 것이다.

이런 문제를 해결하는 데는 출판인도 마땅히 한몫을 감당해야 한다는 평소의 소신에 따라, 본사가 기꺼이 그 역할을 맡기로 했다. 그 첫 번째 사업으로 시대를 대표할 만한 수필가 100인을 선정하고, 작가가 자선한 40편 내외의 작품을 수록한 문고본을 발간하여 이를 널리 보급함으로써 그 소임을 다하고자 한다.

본사는 사명감을 가지고 이 사업을 추진해 나가기로 했다. 작가 선정을 전담할 편집위원회를 구성하고 전권을 위임하여 일체의 사적인 정실이나 청탁을 배제함으로써 전문성과 공정성을 확보해 나갈 것이다.

따라서 이 기획물 속에는 작가의 문학정신뿐만 아니라, 본사의 문학사적 기여 의지와 편집위원 제위의 수필문학에 대한 애정과 문인으로서의 양심이 함께 담겨 있음을 자부한다. 다만, 작가를 선정하는 기준에는 많은 견해의 차이가 있을 수 있고, 선정 과정에서도 미처 챙기지 못한 부분이 있을 것이라는 사실만은 인정하지 않을 수 없다. 이 점에 대해서는 관계자 여러분의 양해 있으시기 바란다.

이 시리즈의 발간 순서는 작가, 또는 본사의 사정에 의한 것일 뿐 그 밖의 어떤 기준도 적용하지 않았음을 밝힌다.

본 기획물이 시대를 초월한 많은 수필 애호가들의 관심과 애정 속에 우리나라 수필문학 발전에 한 이정표가 되기를 바랄 뿐이다.

2011년 3월

좋은수필 발행인 서 정 환

현대수필가 100인선 간행 편집위원 박 재 식 최 병 호

정 진 권 강 호 형

변 해 명

| 차례 | 현 대 수 필 가 1 0 0 인 선 · 90

## 1_부

## 2_부

## 3_부

## 4_부

# 1부

# 어머니의 빨간 스웨터

비가 오는 날이면 나는 빨간 색깔의 옷이 입고 싶어진다. 그러고는 돌아가신 친정어머니를 생각한다. 빨간 스웨터를 입은 내 어깨에 한쪽 손을 가볍게 얹고 상체를 약간 뒤로 젖히며 내 옷과 얼굴을 번갈아 살펴본 후에 "됐다." 하고 만족해하시던 어머니의 표정을 떠올린다.

어려서부터 유달리 병약해서 얼굴색이 창백했던 내게 어머니는 빨간색이나 분홍색 같은 붉은 색깔의 옷을 주로 입히셨다. 특히 진달래색을 잘 어울린다고 하셨다. 내 볼에 진달래색 분홍빛이 비쳐 발그레해 보이는 것에 만족하며 "됐다, 보기 좋구나." 하면서 옷매무새를 잡아 주곤 하셨다. 특히 비가 오거나 흐린 날은 "날씨가 안 좋을 때는 빨간색 옷을 입으면 기분이 밝아진단다." 라고 이르셨다.

그런 어머니의 영향인지 나는 빨간색을 무척 좋아한다. 무심히 길을 걷다가도 빨간 색깔에는 나도 모르게 눈길이 간다. 지나가는 여자아이의 빨간 머리핀에도 생각 없이 시선을 팔다가 혼자 멋쩍어하기 일쑤다. 물건을 살 때도 언제나 빨간 것을 먼저 만져보고 그것으로 사지 못할 때는 아쉬워서 집었다 놓았다 하며 쉬 미련을 떨쳐버리지 못한다.

내가 처녀 적에는 요즘처럼 빨간색 옷이나 물건이 흔하지 않았다. 빨간색 옷은 그저 아이 적에나 좀 입다 마는 것으로 알았다. 성인이 입기로는 지나치게 화려하고 사치스러운 색깔로 여기던 시절이어서, 꽤나 용기가 있거나 여간한 멋쟁이가 아니고는 쉽게 입을 수 있는 색깔이 아니었다. 그런 시절에 더구나 아이들을 가르치는 여교사에게 빨간색 코트란 거의 금기시된 옷이라 해도 과언은 아니었다. 어머니는 내가 다 큰 처녀가 되도록 여전히 빨간색 옷 입기를 고집하셨는데 어느 해 겨울에는 싫다는 내게 기어이 빨간색 코트를 장만해 주신 것이었다.

걸어놓고 보기만 할 거냐는 어머니의 성화에 못 이겨 처음 코트를 입고 직원실 문을 열고 들어서던 날. 내 옷 빛깔의 화사함보다도 놀라서 "우와-." 하며 일제히 쳐다보는 동료 교사들의 표정이 더 눈부셨던 기억이 난다. 퇴근 때 복도에서 만난 교장 선생님이 놀란 눈으로 내 코트를 한참이나 바라보셨다. 내년이면 정년인 교장 선생님이 놀라움을 진정하고 "아, 아 김 선생, … 예쁘네요.” 하며 더듬거리던 말씀이 “너무 빨갛군요.” 라는 듯이 들려 몸 둘 바를 몰랐던 기억이 지금도 생생하다.

결혼을 한 후로는 그 좋아하는 빨간색 옷을 입을 수가 없게 되었다. 연애 시절에 빨간색이 잘 어울린다고 나를 곁에 세우고 다니며 은근히 사람들의 시선을 즐기던 남편이 결혼을 하고 나자 빨간색 옷을 기어이 못 입게 하는 것이었다. 남들이 쳐다보는 것이 그렇게도 좋으냐는 남편의 억지를 도저히 이겨낼 수가 없었다. 당신 이제 보니 아내를 사랑하는 것이 아니라 소유하려는 사람이라고 화를 내고 다투기도 해보았지만 막무가내여서 결국 빨간색을 포기하는 수밖에 없었다.

만일 친정어머니가 살아 계셨다면 남편이 나의 빨간색 옷을 말리지는 못했을 것이라는 부질없는 아쉬움이 지금까지도 남는다. 살아 계신다면 여든도 훨씬 넘었을 연세지만 그 어머니께 나도 빨간 스웨터를 입혀 드리고 싶다. 그리고 어머니가 내게 하시던 투로 어머니의 어깨에 한쪽 손을 얹고 상체를 약간 뒤로 젖히며 “됐어요. 보기 좋아요.” 라고 해 드리고 싶다.

남편의 억지도 빛바랜 근년에 와서는 빨간색 옷을 입고 거울 앞에 서 보아도 그전처럼 만족감이 들지를 않는다. 너무 오랫동안 입지 않은 빨간색이 이젠 낯설기까지 하다. 젊었을 때 잘 어울리고 곱게 보이던 색상이라도 나이 들면 몸에 잘 붙지 않고 화려한 색깔만 튀어 주책없어 보일 수도 있다 싶어 조심스럽기도 하다. 그래도 어머니가 그리운 날에는 눈부시게 빨간색 옷이 입고 싶어진다.

이북에서 월남하여 단출하기만 한 가족. 아버지와 우리 삼남매를 남겨 놓고 어머니는 일 년 남짓 위암으로 투병하다 가셨다. 진달래가 지천으로 피어 온 산을 붉디붉게 물들이던 4월. 가슴이 녹아내리도록 뻐꾸기가 우는 계절이었다. 외딸에게 그렇게도 입히기 좋아했던 색깔, 그 진달래꽃 숲 속에 잠든 어머니는 아직도 부끄럼이 많아 볼이 붉어지는 쉰넷의 여인이었다. 진달래가 피는 계절이면 어머니의 돌아가신 나이가 한스러워 나는 뻐꾸기 울음보다 더 피맺힌 가슴으로 무덤가에 앉아 서러운 바다를 내려다본다.

우울하게 흐리거나 비가 추적거리는 날은 어머니 말씀대로 붉은 색깔의 스카프나 옷을 가려 입어 본다. 그러나 진달래 색깔만은 조심스레 마음 한쪽에 접어두고 있다. 진달래꽃은 부드럽고 붉은 피부 속에 파르스름한 아픔을 물고 있어, 어머니의 마지막 모습을 떠올리게 한다. 위암은 얼마나 위선에 찬 병이었던지 숨이 멎는 순간까지도 어머니의 두 볼에는 핏기가 붉었고 고통을 깨문 입술에는 진달래 꽃물 같은 아픔이 배어 있었다.

너는 나처럼 살면 안 된다던 어머니의 소망이, 이제 과년한 딸을 바라보는 나의 소망이 되어가는 이즈음에는 동병상련의 아픔으로 더욱 어머니가 그리워진다. 언젠가는 빛깔이 주는 아픔을 잊고 어머니를 그리워하는 마음만으로 진달래색 옷을 입을 수 있을 것이다. 왠지 모르지만 그것은 아마도 내 나이가 쉰넷을 넘은 후일 것이라고 생각하고 있다.

딸들은 무슨 때면 내게 빨간색 물건이나 빨간 포장지로 싼 선물을 잘 준다. 그것을 받을 적마다 또 어머니를 생각한다. 내게서 이런 선물을 받아보지 못한 어머니를 생각하며 빨간 색깔을 자꾸만 손바닥으로 쓸어본다. (1997)

# 이 선생네 천사

아들 딸 하나씩을 두고 부부교사로 근무하는 이 선생 부부는 언제 보아도 친절하고 믿음직스럽다. 젊은 사람들 같지 않게 겸손한 두 사람의 언행도 참 돋보인다.

이 선생의 맏이인 아들은 뇌성마비 장애아로 태어났다. 지금쯤은 중학교에 다녀야 할 나이지만 아직도 기저귀를 사용하며 혼자 힘으로는 일어나는 것은 물론이고 돌아눕지도 못한다. 아이로 인한 갈등이 적지 않았을 터인데도 이 선생 부부는 현실을 긍정적으로 받아들여 일찌감치 그 갈등을 극복했다. 매사에 밝고 적극적인 그들의 모습을 보면 어떻게 사는 것이 잘 사는 것인지를 알 수 있을 것 같다.

부부가 모두 천성이 착하기도 하지만 두 사람을 그렇게 지탱해 주는 힘은 아마도 그들의 두터운 신앙심인 것 같다. 이 선생은 결혼할 무렵부터 종교를 가지게 되었는데 아마도 가톨릭 신자였던 부인의 영향이었을 것이다. 아들이 태어난 이후로 이 선생은 더욱 신앙심이 돈독해져서 이젠 부인의 오랜 신앙심이 무색할 정도가 되었다.

이 선생의 귀가는 항상 아들 방의 문을 여는 것으로부터 시작된다. 아들을 보기 전에는 누구와도 먼저 인사를 나누는 법이 없다. "우리 천사가 오늘은 어떻게 지냈을꼬?" 하며 거의 아버지만큼이나 몸집이 커버린 아들을 안아 일으켜 아이의 몸부터 살핀다. 아기처럼 벙실거리며 "아-바-." 하고 반기는 아이의 얼굴은 이 선생의 말처럼 천사 그대로다. 그럴 때 환히 밝아지는 이 선생의 얼굴도 천사 같다.

교회 내의 한 부서를 담당하면서 나는 가끔 고민을 얘기하고 싶어하는 어머니들을 만난다. 십중팔구 남편이나 아이들 문제로 인해 고통을 받는 사람들이다. 그 중에서도 선천적 혹은 후천적인 신체장애를 가진 자녀를 둔 어머니의 비통한 심정을 만날 때는 위로할 말을 잃게 된다.

아이를 수발하는 것은 그래도 견딜 만하다고 한다. 술로 세월을 보내며 현실을 원망하는 남편에게서 아이를 지켜내는 일이 더 어렵다고 한다. 말없이 침울한 태도로 일관하며 매사에 의욕 없이 사는 남편도 아내에게 고문 같기는 마찬가지다. 자녀의 불구가 아내의 책임이라도 되는지 아이와 함께 나가 죽으라고 행패를 일삼는 남편도 적지 않다. 자녀에 대한 기대와

끊을 수 없는 사랑이 그렇게 비뚤어진 방법으로 표출되는 것을 이해 못하는 것은 아니지만 마음은 원망스러워진다.

어느 가정이나 들여다보면 말 못할 어려움 한두 가지쯤은 있게 마련 아니겠느냐는 말로 위로하기에는 그들의 고통은 너무나 현실적이고 절박하다. 가정을 유지하기 위한 모든 노력과 인내도 한계에 다다르고, 부질없이 죽음을 생각해 보다가 마지막으로 신앙에 매달려 보려고 오는 사람도 있다. 흐느끼는 여인의 등을 쓰다듬으며 위로할 말을 찾지 못하는 이런 경우에 나는 이 선생 부부를 떠올린다. 그이들을 생각하면 무엇이든 위로가 될 만한 말을 해줄 수 있을 것 같아 말문을 열기가 쉬워진다.

행복하고 보람 있는 인생을 살기를 소망하지 않는 이가 어디 있으랴. 그러나 어떻게 사는 것이 잘 사는 것이고 보람 있게 사는 것이냐고 묻는다면 누구나 얼른 대답하기는 어렵다. 물질만 풍부하면 잘 살 수 있을 것 같기도 하고 건강만 있으면 잘 살 수 있을 것 같기도 하다. 좋은 학벌이나 뛰어난 기술이 잘 살 수 있는 방편이라 하는가 하면, 착한 마음 하나만으로도 잘 살 수 있는 것이 인생이라고 말하는 사람도 있다. 각양각색의 사람들이 천차만별의 삶을 사는 것이 인생이니 어떤 삶이 잘 사는 삶이라는 공식 같은 건 있을 수 없다. 게다가 주어진 현실과 개인적인 능력도 모두 다르니, 누군가의 삶이 잘 사는 삶으로 칭송을 받는다 해서 무조건 그를 따라 살 수도 없는 노릇이다.

그런데 그리 좋아 보이는 여건이 아닌데도 방황하지 않고 잘 살고 있는 사람들을 나는 알고 있다. 바로 이 선생 가족들이다. 많은 사람들이 그렇듯이 이 선생 부부는, 나보다 부족한 사람을 도와주며 사는 것이 인생을 잘 사는 방법이라고 생각하는 사람들이다. 그들은 그 방법을 멀리에서 찾지 않고 가까운 내 가족 속에서 찾아내었다. 그것이 모두가 행복해지는 가장 쉬운 길이라는 것을 일찌감치 깨달은 것이다. 건강이 부족한 아들이야말로 그들의 삶을 보람 있는 인생으로 인도해줄 길잡이라는 것이다. 아들만 바라보면 어떻게 사는 것이 보람 있는 삶인지 그리고 행복한 삶인지 쉽게 알 수가 있으니 아들은 그 가정을 이끌어 주는 수호천사라고 그 부부는 말한다. 무엇을 해주면 우리 천사가 행복해 할까, 어떻게 해주면 불편하지 않을까만 생각하니 천사는 항상 행복하고 그것을 바라보는 가족은 더욱 행복하다. 물론 그들도 가끔은 지치고 힘이 빠지기도 한다. 그러나 아무리 힘들다 해도, 잘 사는 길을 쉽게 가르쳐 주려고 이 가정에 온 천사가 결코 원망스러운 존재가 될 수는 없다는 것이 이 선생 부부의 신념이다.

이 선생 집을 방문하는 사람들은 벙실거리는 천사에게 "안녕-." 하고 손을 흔들고 나오면서 생각한다. 재물이든 건강이든 또는 다른 무엇이든 한두 가지쯤 부족한 것이 꼭 인생을 불행하게만 하는 것은 아니라고.

장애아를 둔 어머니의 하소를 들으며 나는 그 어머니보다는 남편이나 다른 가족들에게 이 선생네 얘기를 들려 줄 수 있으면 좋겠다는 생각을 한다. 그러나 그러기로는 너무 부족한 나 자신이 돌이켜져 감히 그런 뜻은 비쳐보지도 못한다. 다만 부족함의 의미를 깨달은 이 선생 가족의 특별한 행복을 알려주고 싶다는 마음만 간절히 가지고 있다. 어떤 부족함이 오히려 우리의 천사가 되어 곁에 와 있는지 그것을 그들과 함께 찾아보고 싶다는 생각만 가지고 있다.

인간은 누구나 부족함을 가졌기에 그나마 겸손이라도 지니며 그래서 세상은 그런대로 살 만한 곳으로 유지된다고 한다. 내가 만났던 여인들이나 이 선생 부부는 서로가 비슷한 아픔을 짊어지고 살지만 그 사는 모습은 천양지차이라서 많은 것을 생각하게 한다. 생각이나 말로는 가능할 듯도 하지만 이 선생 가족처럼 산다는 것이 어디 그리 쉬운 일인가? 이 선생 부부의 말대로, 그들은 정말 특별한 축복을 받은 사람들인가 보다.

(1998)

# 나를 위한 소나타

만약 원하는 때에 마음대로 음악을 들을 수 없는 환경이라면 내 가슴에서는 어쩌면 바싹바싹 감정 마르는 소리가 날 것도 같다. 나는 일상적으로 음악을 듣는 것을 좋아한다. 장르에 상관없이 무슨 음악이든 즐겨 들으며 음악이 존재한다는 사실에 감사한다.

그 중에서도 특별히 자주 듣는 음악은 소나타곡이다. 소나타는 언제 들어도 부담이 없어 편안한 음악이다. 형식을 따지자면 콘체르토나 심포니도 큰 소나타라고 할 수 있지만 내가 즐겨 듣는 것은 통상 소나타라고 부르는 기악곡과 실내악곡들이다. 사실 절대음악絶對音樂을 즐기기로는 소나타만큼 좋은 음악이 없기도 하다.

일상에 긴장이 생길수록 그리고 마음에 상처가 있는 때일수록, 나는 소나타의 간명하고도 예술적인 선율에 귀를 기울이면서 마음을 다독이곤 한다. 할 수만 있으면 소리내어 멜로디를 따라가기도 하면서 긴장된 신경의 끈을 늦추고 굳어진 마음을 풀어준다. 너무 과장되지도 않고 그렇다고 너무 생략되지도 않는 소나타의 간결한 선율에 젖어들다 보면 생각은 서서히 단순해지고 오르내리던 감정의 기복도 가다듬어진다. 기억하고 싶지 않은 일들일랑 음악의 뒤편으로 흘려보내고 지금은 멜로디에 마음을 맡겨 보라고 소나타가 내게 속삭인다.

특히 슈베르트의 〈아르페지오네 소나타〉는 평생을 두고 변함없이 내가 애청하는 곡이다. 원제목은 〈아르페지오네와 클라비에르를 위한 소나타〉이지만 보통 '아르페지오네 소나타'라고 부른다. 첼로와 피아노가 들려주는 a-mol의 애조哀調 띤 선율과 두 악기의 조화가 얼마나 절묘한지 나는 이 한 곡만으로도 슈베르트를 좋아하지 않을 수 없다.

아르페지오네는 1820년대에 독일 음악을 대표한다고 할만치 유행한 악기였다는데 웬일인지 지금은 완전히 사라지고 없다고 한다. 기타처럼 6개의 현을 가졌고 연주할 때는 첼로처럼 활을 사용했다. 음색은 첼로와 기타의 중간쯤이었다. 아르페지오네를 위한 다른 악보도 있는지는 모르지만 내가 아는 것은 슈베르트의 〈아르페지오네 소나타〉 하나뿐이다. 현재로는 아르페지오네가 아닌 첼로로 연주되는 것이 일반적이다.

나는 '로스트로포비치'의 깊고 풍부한 음색의 첼로로 아르페지오네 소나타를 듣는 것을 가장 좋아한다. 하지만 가끔은 '미샤 마이스키'의 깔끔하고 시적인 해석도 들어 본다. '랑팔'의 플루트가 첼로 부분을 담당한 연주도 있는데, 플루트의 최고 경지를 보는 것 같아 흥미롭기는 하나 역시 첼로라야 편안하다.

우리 집에서는 하루종일 아르페지오네 소나타가 흘러넘치는 날이 많은데 가족 중 아무도 그만 듣자고 하는 사람이 없는 것이 고맙다. 오히려 우리 아이들은 어릴 적부터 워낙 많이 들어온 탓인지 나보다도 더 잘 따라 흥얼거린다. 그러니 아르페지오네 소나타는 우리 가족 모두의 애청곡이라 해도 과언은 아닐 듯하다.

수필문학에 입문하면서, 수필이 음악으로 치자면 소나타에 해당한다는 생각을 하게 되었다. 소설처럼 너무 확대되거나 시처럼 지나치게 생략되지 않는 수필의 모습이 소나타와 많이 닮아 보여서다. 명료하고 간결한 주제와 친근하고 쉬운 소재 그리고 누구라도 쉽게 다가설 수 있는 편안함으로 부담을 주지 않는다는 점에서도 수필과 소나타는 닮은 모습이다. 좋은 수필일수록 그리고 좋은 소나타일수록 선율이 투명하고 결코 난해하지 않으면서 예술성은 빛나 보인다.

매사에 자신감이 없어지기만 하는 나이에 수필쓰기에 입문한 것은 더할 수 없는 나의 행운이라고 자부한다. 수필은 부질없이 보낸 세월에 부끄러움만 남은 내 삶을 탓하지 않고 기꺼이 나를 친구로 삼아 주었다. 탓하기는 고사하고 그런 부끄러움과 부족함을 가졌기에 우리는 꼭 친구가 되어야 한다고 수필이 다정하게 내 손을 잡아 주었다. 결코 열지 않으려 했던 내 마음속 깊은 문을 열어 내면을 드러내 보일 수 있는 용기와 아량을 준 것도 수필이었다. 애증의 허무함과 욕망의 부질없음을, 아집의 허울과 시간의 무상함을 이젠 한 발짝 물러서서 손잡고 함께 바라보자고 수필이 속삭인다. 숨겨둔 아픔일랑 이제 훌훌 털어버리고 가벼운 마음으로 나설 나이라고 수필이 나를 철들게 한다.

아르페지오네 소나타가 변함없는 나의 다정한 벗인 것처럼 수필 또한 내 여생에 좋은 벗이 되어 줄 것이라는 믿음은 내게 큰 위안을 준다. 음악이 없는 생활이 너무 삭막한 것처럼 수필이 없는 일상도 이젠 너무 건조할 것 같다. 음악과 수필이 함께 흐르는 삶이란 생각만으로도 얼마나 멋지고 여유로운가? 이제 남은 삶은 소나타와 수필이라는 두 개의 악기가 연주하는 '나의 소나타'로 새롭게 살고 싶다. 그 소나타의 주제는 아르페지오네 소나타 2악장에서 첼로가 들려주는 저음역의 포용성이 아다지에토(adagietto)로 흐르는, 좀은 느리고 여유 있는 박자였으면 좋겠다. 거기에다 수필이 주는 진솔하고 겸손한 울림이 함께 어우러지면 좋겠다는 욕심을 내어본다.

아르페지오네 소나타를 자주 듣는 것처럼 좋은 수필을 많이 읽으면서 나의 소나타를 만들고 싶다. 아르페지오네 소나타의 멜로디 하나하나를 놓치지 않으려고 세심하게 귀를 모으는 것처럼, 수필이 열어 보여준 나의 내면의 소리에 유심히 귀를 기울이면서 더욱 솔직해지는 나를 악보 위에 그릴 것이다. 나의 소나타는 아르페지오네 소나타처럼 우아하면서도 열정이 있지만 수필의 고백적 회한도 스며 있어 가끔은 좀 비감한 정이 느껴질지도 모른다. 그러나 아르페지오네 소나타 제3악장처럼 자유분방하고 해학적인 흐름도 잊지는 않을 것이다. 지난 삶의 부끄러움이 멜로디로 흐른다 해도 그리고 욕심이 지나쳐 서툰 연주가 된다 해도 어떠랴. 이제부터의 삶은 꼭 그렇게 나를 위한 '나의 소나타'로 살고 싶다.

# 시골집에는 철학이 있다

호흡기 계통의 알레르기 증세로 한동안 고생하던 안安 여사이기는 했지만 그렇게나 급히 서울을 떠났다는 것은 좀 의외였다. 가까운 친척들에게도 알릴 사이 없이 이사를 서두른 것을 보면 병증세가 꽤나 심각했던 모양이다. 서울에서 승용차로 한 시간 남짓 거리인 안 여사네 시골집은, 그녀의 시부모님이 살던 집이었는데 두 분이 모두 돌아가신 후로는 수년간을 남에게 맡겨 두고 있었다.

늘그막에는 시골집에 내려가 마음껏 야생화를 즐기며 살겠다는 것이, 평소에 야생화에 관심이 많은 안 여사의 희망이기는 했다. 생각보다 좀 이르기는 했지만 매연에 찌든 도시를 떠나는 것이 그녀에게는 최상의 처방이 될 것이 분명했기에, 전원생활을 하게 된 그녀를 부러워하는 마음이 조금은 덜 미안

했다고나 할까?

의사의 말대로 맑고 깨끗한 시골 공기는 알레르기 환자인 그녀에게 특효약이 되었다. 서울을 떠난 지 4년이 된 이제 그녀는 건강하고 어엿한 농부가 다 되었고 시골집은 야생화농원의 틀을 갖추어가고 있다. 언제 보아도 귀부인 같기만 하던 그녀의 어디에 그처럼 서슴없이 벗어젖히고 농촌생활에 적응하는 능력이 숨어 있었던지 참 뜻밖이다. 서툰 밭일에도 겁없이 덤벼보고 집짐승들도 기르면서 안 여사가 특히 재미를 붙이고 날더러도 와서 보라고 재촉하는 것이 있다. 토종닭 암수 한 쌍이 있던 마당에 암탉 세 마리를 더 사다 섞어 놓았는데 그것들이 저희끼리 서열을 정하고 가족을 이룬 일이다.

원래 있던 암탉은 텃세가 여간이 아니어서 새로 온 암탉들을 매정스레 구박하며 유세를 떨기 시작했다. 사람으로 치면 먼저 있던 암탉이 안방마님이고 뒤에 온 암탉들은 작은댁 즉 첩들인 셈이라는 것이 안 여사의 해석이다. 그녀가 기르는 닭 가족의 삶은 인간사의 그것에 못지않게 파란만장하다.

안방마님은 작은댁들이 남편 근처에서 알짱거리는 것이 항상 못마땅한 눈치다. 그런 본처의 따가운 눈총에도 불구하고 첩들은 서로 경쟁적으로 남편 옆에 붙어 부리를 톡톡거리며 아양을 떨어서 그예 본처의 화를 돋우고 만다. 약 오른 본처에게 첩들이 아무리 혹독하게 훈계를 당해도 모르는 척해야 집안이 편하다는 것을 아는지 수탉은 처첩들의 피 튀기는 다툼에는 일절 관여하지 않는다.

수탉은 정말이지 애처가다. 아무리 맛있는 음식이라도 절대로 제가 먼저 먹는 법이 없다. 급한 소리로 암탉부터 불러댄다. 본처가 먼저 살이 통통 찐 엉덩이를 뒤뚱거리며 바삐 쫓아온다. 수탉 서방님은 흩어져 있는 모이를 부리로 꼭꼭 물어다가 안방마님 앞에 먹기 좋도록 놓아 주며 지극정성 시중을 든다. 뒤미처 첩들도 질세라 달려오지만 섣불리 먹을 것에 입을 댔다가는 본처에게 혼쭐나기 십상이다. 본처가 먼저 먹고 자리를 내어 줄 때까지 서성대며 초조히 기다린다. 어쩌다 간 큰 첩 하나가 한입 훔쳐 먹다가 본처에게 사정없이 대가리를 쥐어박히기도 하지만 대개는 군말 없이 안방마님의 처분만 기다린다. 수탉이 자기는 먹지 않고 부지런히 본처 앞에 모이를 물어다 주는 짓은 다른 암탉들에게는 절대로 하지 않는다. 본처에게 당할 후환이 두려워서인지 아니면 작은댁이 하나 둘이 아니어서인지는 알 수가 없다.

수탉은 점잖고 희생적이며 그런 만큼 절대적인 존재다. 암탉들이 배불리 다 먹은 후라야 남은 음식을 먹는 것은 물론, 암탉들이 식사를 하는 동안에는 주위를 경계하느라 여념이 없다. 호시탐탐 노리는 이웃집 개가 몰래 울타리를 뚫고 해코지하러 들어오기도 하는데 그럴 때 사생결단으로 가족을 지켜내는 수탉의 위용을 어느 개선장군에 비하랴.

봄에 안 여사는 공기 좋은 곳에서 곡식만 먹여 기른 닭을 초복(初伏)선물로 쓰겠다고, 비어 있던 닭장을 수리하고 암컷으로 중닭 40여 마리를 새로 넣었다. 그날 저녁이었다. 마당에 모이를 뿌려주자 놀랍게도 수탉이 얼른 달려오더니 혼자 다 먹어치워 버렸다. 수탉이 정신이 어떻게 되었거나 간을 배 밖에 내놓고 살기로 작정하지 않은 다음에야 어찌 그런 일이 있을 수가.

닭장 속의 암탉들을 본 수탉은, 저 많은 암탉들을 다 거느리자면 내가 잘 먹어 두어야겠다고 생각한 것이 틀림없었다. 수탉은 먹을 것이 생겨도 암탉들을 불러 모으기는 새로에 오히려 암탉들에게 뺏길세라 혼자 열심히 먹으며 체력을 보강했다. 멋진 몸매와 힘찬 발걸음을 과시하며 닭장 앞을 맴도는 것이 수탉의 일과가 되었다. 이제나 저제나 닭장 문이 열리고 암탉들이 마당으로 나오기만 고대하면서. 그러나 꿈도 야무진 수탉의 기대와는 달리 암탉들은 한 번도 마당에 나오는 일이 없이 차례차례 선물로 떠나가거나 손님상에 오르고 말았다. 허파에 바람 든 수탉이 닭장 안의 암탉들에게 정신이 팔려 있는 동안 여러 번이나 몰래 들어온 이웃집 개에게 작은댁이 둘이나 흉사를 당했다. 남의 계집에게 한눈파느라고 제 식구 건사도 못한 수탉의 죄가 크고도 큰지고.

안방마님은 이제 나이가 많아서 알을 낳지 못하는 날이 더 많아졌다. 그래도 질투만은 여전해서 알 잘 낳는 하나 남은 젊은 첩을 너무 구박한다고 안 여사에게 미움을 샀다. 게다가

식탐은 여전해서 보신에 쓰기 좋게 된 죄로 그만 찜솥으로 들어가는 신세가 되고 말았다.

새로운 암탉 두 마리를 보충해 놓자 곧 다시 서열이 정해졌다. 닭 팔자 시간문제라던가? 안방이 비었으니 첩이 신분상승하는 거야 떼논 당상이다. 어제까지만 해도 구박덩어리이던 첩이 하루아침에 안방마님이 되어 새로 들어온 첩들을 호령한다. 그런데 그 위세 좋게 군림하는 꼴이 원래 본처의 곱배기는 되어서 그나마 불쌍하게 봐주었던 안 여사에게 배신감을 안겨주었다. 수탉은 여전히 안방마님이 먹기 좋도록 재빨리 먹을 것을 물어다 놓아 주며 지극정성 시중을 들고, 기세등등한 새 안방마님은 기다리지 못하고 겁 없이 날름 멸치 꽁다리를 주워 먹은 어린 첩년의 닭대가리를 피멍이 들도록 쪼아 붙인다.

아무 일도 없었다는 듯 유유히 암탉들 사이를 누비며 유정란 생산에 여념이 없는 수탉을 보고, 평소에 유머가 많은 안 여사 남편이 눈을 흘기며 말했다.

"야! 이 녀석아 너는 팔자도 좋구나."

호수를 배경으로 해거름 밭둑에서 파안대소하는 안 여사 내외의 건강한 모습은 주위 풍경과 함께 글자 그대로 한 폭의 수채화여서 그림의 물감이 내 가슴속까지 번져든다. 많은 생명들이 나름대로의 가치를 빛내며 함께 살아가는 시골집에서는 사는 것이 모두 철학이다. 사람이나 짐승이나 모든 생명 있는 것들은 별반 차이 없는 삶을 살다 가는 것이 세상 이치인데, 인간이라는 이름 하나로 그동안 너무 잘난 존재로 군림했던 것이 부끄럽다고 말하는 안 여사는 그녀의 말대로 정말 도사가 될지도 모르겠다.

# 수탉도 수탉 나름

안安 여사의 시골 농원에 묵으면서, 호수에서 피어오르는 새벽안개의 군무를 바라보는 것은 정말이지 멋진 일이다. 너른 앞마당이 바로 호수에 면해 있어 이른 아침이면 수면을 타고 노는 물안개로 주위는 온통 별천지가 되곤 한다. 일찍도 일어난 닭 가족이 먹이를 찾으며 짙은 안개 속을 헤집고 다니는 풍경은 마치 환상처럼 어른거려 보인다.

부부 둘이서만 살기에 너무 적적하지 않느냐고 말하는 이들도 있다지만 모르는 소리다. 들여다보면 자연 속에서는 수많은 생명들이 서로 유기적인 틀을 유지하며 생존경쟁을 벌이느라고 그렇게 소란스러울 수가 없다. 특히 안 여사가 아끼는 네 마리의 암탉과 그들을 거느린 수탉의 삶은 거의 전투를 방불케 할만치 치열하고 비정하다. 가축 중에서도 닭은 특히 텃세가 심한 동물이라고 한다.

헌신적인 애처가였던 안 여사네 수탉은 전에도 한 번 내 수필에 등장한 바 있어 어떤 이는 가끔 내게 그 수탉 잘 있느냐고 안부를 물어서 웃기도 한다. 백전노장인 그 수탉도 나이를 당해낼 재간은 없었던지 호시탐탐 노리던 이웃집 젊은 홀아비 수탉의 공격에 치명적인 부상을 입고 며칠 앓다가 그만 저 세상 닭이 되고 말았다.

안 여사나 나나 닭들이 사는 모습을 곁에서 직접 보기는 처음이어서 우리는 수탉이면 모두가 다 그 죽은 수탉처럼 애처가인 줄로만 알았다. 그러나 생각해보면 닭이라고 어찌 다 똑같을 수가 있겠는가? 사람마다 생김새나 성격이 다르듯 그들도 당연히 서로 다른 개성을 가졌을 것이 분명하다.

안 여사는 죽은 수탉 대신, 이웃집 수탉보다도 더 멋지고 젊은 수탉 한 마리를 새로 들여왔다. 그런데 새 수탉이 암탉들을 대하는 태도가 아무리 보아도 애처가였던 전의 수탉과는 사뭇 달라서 아마도 아직 나이가 어려 그럴 것이라고 짐작했다. 보아하니 멀끔한 꼴과는 달리 아직 제대로 사내구실도 못하는 주제인 것이 분명했으니 말이다. 수탉 고유의 발성도 터득이 덜 되었는지 끽끽거리며 연습부족인 소리를 질러대는 것만 보아도 알 일이었다. 그래도 핏대를 세우며 암탉들을 호령할 때의 기상 하나는 호기만발豪氣滿發하니 기대해볼 만하지는 않던가?

새 수탉이 가장 열성을 기울이는 일은 치사하게도 먹을 것을 독차지하는 짓이다. 먹을 것만 보았다 하면 암탉들을 얼씬도 못하게 하고 쥐 볼가심할 것도 없이 깡그리 먹어치우는 비열한 짓을 예사로 한다. 이른바 '노래기회도 먹을 놈'이다.

전의 수탉 같았으면 어림 반 푼어치도 없을 일이다. 암탉을 먼저 먹이느라 지극정성 모이를 물어다 주던 죽은 수탉은 얼마나 자상하고 희생적인 가장이었던가? 이웃집 개의 공격에서 암탉들을 지키기 위해 목숨도 초개같이 버린 수탉이었다. 그런데 이 젊은 녀석은 아직 경험이 일천해서 그런지, 돌발 상황이 발생해도 제 몸 사리기에만 급급할 뿐 암탉은 아예 안중에도 없다. 이웃집 개가 들어와도 제일 먼저 꽁지가 빠지게 달아나 숨는 것이 이 수탉 녀석이다. 그뿐인가? 개가 쫓겨 간 후에도 제일 나중에야 나와서는 종로에서 맞은 뺨이 아프다나 어떻다나, 한강에서 논 죄밖에 없는 암탉들을 지지고 볶으며 공연한 화풀이까지 해댄다.

이젠 어리지도 않고 명실 공히 수컷 노릇에도 하자 없는 이 수탉을, 원래 성질이 더럽게 생겨먹은 놈이라 더 이상 기대할 것이 없다고 우리가 단정을 지은 데에는 그만한 이유가 있다. 수탉도 수탉 나름이지 수탉이라고 다 애처가는 아니라는 결론을 얻었기 때문이다. 전에는 곰살궂은 서방님 밑에 곱게만 살던 암탉들이었다. 새 서방이 들어온 후로는 사흘이 멀다 하고 머리끄덩이를 끌리며 비명을 질러대기가 일쑤인 데에다 무엇보다도 이 녀석의 애꿎은 분풀이가 단순히 암탉들을 겁주기 위한 협박 수준 정도가 아니라는 데에 문제가 있다.

어느 날의 일이었다. 암탉 한 마리가 한나절이 지나도록 보이지 않아 안 여사와 내가 몇 차례 나가서 찾아보았으나 찾지 못했다. 그러고 보니 수탉도 종일 암탉을 찾아다니는 눈치가 분명했다. 다 저녁때가 되도록 나타나지 않는 것으로 보아 또 어느 집 개가 물어갔나 보다 하던 참이었다. 마당에서 놀던 수탉이 갑자기 두 날개를 좌-악 펼쳐 치켜들더니 생전 가지 않던 마당 동편 쪽 밭으로 비호같이 내닫는 것이었다. 평소에 닭들은 무슨 불문율이라도 있는지 아니면 동편 밭 너머에 이웃집 수탉이 있어서인지 꼭 서쪽 밭만을 활동무대로 하고 있었다. 그런데 뜻 밖에도 동편 밭쪽에서 없어졌던 암탉이 종종거리며 오고 있었다. 동편 밭쪽에서 이웃집 홀아비 수탉이 몰래 이쪽으로 넘어오는 일은 있어도 암탉이 그쪽으로 넘어간 일은 한 번도 없었다.

혹시 총알 수탉 본 사람 있으면 손 좀 들어보소. 제비가 무색할 날렵한 본새요, 고양이도 주눅들 전력투구 질주라. 사태를 파악한 암탉이 오던 길을 두고 옆 밭둑으로 비실비실 피해간다. 그 바람에 더욱 약이 오른 수탉 녀석, 갑자기 기수를 돌리기 힘들어 자빠질 듯 자빠질 듯 끼-익 급브레이크를 잡은 끝에 겨우 암탉 쪽으로 방향을 잡아 다시 내닫는다.

"사람, 아니 암탉 죽네- 닭 살려!"

간도 크게 샛서방 한 번 보았다가 사경을 헤매게 된 애처로운 암탉이 내지르는 비명이 시골의 정적을 찢는다. 날갯죽지를 장검長劍삼아 이리 치고 저리 치고, 주둥일랑 단검短劍삼아 우로 찍고 좌로 찍는, 서슬 푸른 수탉의 비정함이여! 광분을 삭이지 못해 펄펄 뛰는 수탉이 암탉에게서 뽑아낸 깃털로 삽시간에 주위가 자욱하다. 남의 집 부부싸움에 끼어들자니 그렇고 그냥 두고 보자니 암탉이 맞아 죽겠고 우리는 애를 태웠다.

도저히 그칠 것 같지 않던 수탉 녀석이 어지간히 분이 풀렸는지 머리털이 뭉텅 빠진 암탉을 데리고 돌아오는 꼴 좀 보소. 한쪽 팔로 암탉을 안아 들여 걷는 꼴이, 가만 있자 어디선가 많이 본 것 같은 장면이 아닌가? 암탉의 어깨를 감싸안고 많이 아팠느냐고 구구거리며 병 주고 약 주는 꼴이란 내가 정말 싫어하는 어느 집 남정네와 꼭 닮지 않았는가?

닭들이 갑자기 급한 소리를 질러대는 것은 십중팔구 닭을 노리고 들어오는 동네 개 때문이다. 어느 날은 닭들이 후다닥거리며 비명을 질러대는 통에 놀란 안 여사가 나가보니 울타리 밑을 기어 나가는 이웃집 개의 입에 이미 암탉 한 마리가 물려 있더라고 한다. 인기척에 놀란 개가 물었던 암탉을 놓고는 갔지만 이미 초죽음 상태여서 소생하기는 글렀고 그렇다고 피투성이가 된 걸 잡기도 뭣하다는 것이 안 여사가 그날 내게 전화로 알려준 내용이었다. 수탉은 아직도 밤나무 위에서 내려오지 못하고 심장 멎을 뻔했다고 끙끙대고 있다는 것이었다.

이틀 후 내가 갔을 때 다친 암탉은 아직 살아 있었다. 상자 속에 따로 넣어 놓았기에 들여다보자니까 수탉 녀석이 쫓아오더니 "우우- 내 식구한테 손대지 마-." 위협적으로 그르릉거리면서 두 날개를 펴고 암탉을 가로막는 것이었다. 비켜나지 않자 공격적인 자세로 내 주위를 돌며 여차하면 덤빌 기세가 단단했다. 이 괘씸한 녀석의 눈에는 내가 이웃집 개만큼도 무서워 보이지 않는 것이 분명했다.

암탉은 온몸이 엉긴 피와 배설물로 범벅이어서 손대기가 망설여질 만큼 딱한 몰골이었고 움직이기는 고사하고 먹지도 못하는 지경이었다. 날씨까지 매섭게 춥고 못난 수탉 녀석이 그예 만지지도 못하게 해서, 암탉을 동쪽 밭에 있는 비닐 온실에다 격리하고 팔자에 없는 간호사 노릇 한 번 해보기로 했다.

치료를 시작한 지 여드레 만에 나는 몸집이 엄청 줄어버린 암탉을 안아다 마당에 내려놓았다. 부러진 한쪽 날갯죽지를 어정쩡하니 쳐들고 깃털이 다 빠진 등에 상처 자국이 훤히 드러나 보이는 암탉이 절룩절룩 걷는 것을 보고, 헛고생 말라고 말렸던 안 여사는 자못 경탄의 눈으로 나를 바라보았다.

그런데 생각지도 않은 문제가 생판 다른 곳에서 불거져 나왔다. 닭대가리 수탉 녀석이 한동안 안 보았다고 제 처를 잊은 것인지 아니면 약자는 제거한다는 비정한 본능의 발로인지, 암탉 주위를 빙빙 돌며 탐색하는 눈치이다가 느닷없이 달려들어 상처난 등을 공격하기 시작한 것이다. 다른 암탉들도 즉시 가세했다. 세상에! 내가 몇날 며칠을 수고해서 어떻게 살려낸 암탉인데 이런 괘씸한 놈을 보았나. 아무리 미물이기로서니 다 죽은 제 여편네 살려다 주니까 고맙다고 절은 못할망정 인사가 겨우 요거냐? 야! 이 녀석아 그러니 네가 닭대가리지 달리 닭대가리냐? 나도 화가 나서 암탉을 두 손으로 받쳐들고는 이리저리 피해 달아나는 수탉의 꽁무니를 계속 쫓아 다녔다.

"자 이 녀석아, 그렇게도 물어뜯기가 소원이면 어디 실컷 물어뜯어 봐라 자- 자-." 수탉이 궁지에 몰릴 때마다 암탉을 쳐들고 들이대며 종주먹을 질렀다. 그래도 암탉을 마당에 내려놓기만 하면 온 가족이 덤벼들어 웬 행려병자냐고 공격을 퍼붓는데 항상 수탉 녀석이 한 술 더 떴다. 암탉은 다시 온실에 격리되어 혼자 지내는 수밖에 없었다.

그날 나는 전에 없이 무척 망설이는 어조인 안 여사의 전화를 받았다. 내가 너무 실망할까 봐 말하기도 그렇고, 그렇다고 안하기도 뭣해서 벼르다가 전화를 하긴 했는데 역시 말 꺼내기가 어렵다는 장황한 서두였다. 한참 만에 안 여사는 "어제 그 암탉이 죽었으니 너한테 미안해서 어쩌냐?"고 했다.

갑자기 닭이 죽는 소리를 하기에 급히 나가보니 수탉이 온실 앞에 나와 놀던 다친 암탉을 미친 듯이 물어뜯고 있더라는 것이다. 닭들이 온실이 있는 동쪽 밭으로는 가지 않는다고 믿었던 것이 불찰이었다. 아무리 소리를 질러도 안 되고 막대기를 한참이나 휘둘러서야 겨우 떼어놓았다고 했다. 이튿날 아침에 온실에 가보니 어이없게도 암탉이 죽어 있더라는 것이다.

안 여사네 시골집에 갈 적마다 부지런히 먹을 것을 챙겨주며 관심을 기울였던 닭들에게서 나는 요즘 그 관심을 싹 거두어 버렸다. 특히 성질 더럽고 건방진 수탉 녀석 같은 건 거들떠보지도 않는다. 수탉도 수탉 나름이지 수탉이라고 다 같은 수탉은 아니기에.

# 절반쯤만 들으며 산다면

대화를 하거나 강의를 들을 때 내 표정이 참 적극적이라고 누군가가 내게 말한 적이 있다. 그것은 맞는 말일지도 모른다. 말하는 사람의 얼굴 표정이나 입술 모양을 자세히 보는 것이 오랜 나의 습관이니까. 그 사람이 그 말을 칭찬으로 했다고 나는 믿고 싶지만, 어쩌면 예의 없이 남의 얼굴을 빤히 쳐다본다는 비난이었을지도 모른다. 그러나 그런 나의 태도는 내가 오른쪽 귀를 못 듣기 때문에 생긴 버릇일 뿐 그 말을 듣기 전에는 나 자신도 미처 의식하지 못했던 습관이다. 말하는 사람의 표정과 입을 자세히 보지 않으면 엉뚱한 대답을 하게 되는 수가 있기 때문에 나도 모르는 사이에 만들어진 버릇인 것 같다.

처녀 적에 있었던 일이다. 같은 학교에 근무하던 오 선생과는 집 방향이 같아 퇴근길에 자주 같은 버스를 탔다. 종점에서

타는 버스라 빈자리가 많으니 당연히 나란히 앉을 수밖에 없었다. 다행히 오 선생이 내 왼쪽에 앉으면 별 문제가 없지만 오른쪽에 앉게 되면 불편이 여간이 아니었다. 오른쪽에 앉은 오 선생의 말을 제대로 알아듣는 방법은 한가지 뿐이었다. 될 수 있는 한 자주 오 선생의 입을 보아야 하고 그러면서 반대편인 왼쪽 귀로 그의 말을 들어야 한다. 그러니 누가 보아도 내가 오 선생 쪽으로 얼굴을 돌려 마냥 다정하게 마주보는 양상이다.

얼마 지나지 않아 오 선생은 내게 데이트 신청을 하기 시작했다. 귀가 안 들려서 오해를 사게 되었다고 말할 수도 없고, 주말마다 거절할 핑곗거리를 찾느라 한동안 고심해야만 했다. 그리도 다정해 보이는 내가 데이트 신청을 받아들이지 않는 것을 이해할 수 없었던 오 선생이 한참이 지나도록 상황판단이 안 되어 헤맨 것은 사실 무리도 아니었다.

6 · 25동란 후 초등학교 3학년이었던 나는 뇌염에 걸려 도립병원에서 격리치료를 받았다. 우리나라 역사상 가장 많은 어린이들이 뇌염으로 사망한 기록이 남은 해였다. 전쟁 후의 혼란한 시대라 별 치료약도 없었고 다행히 완치된다 하더라도 심한 후유증이 남는 무서운 전염병이었다. 나는 환자들 중 거의 유일하게 아무 후유증 없이 완쾌했다고 병원장은 물론 온 병원 식구들의 치하를 받으며 퇴원했다. 고열로 인해 오른쪽 귀 안에서 뼈들이 모두 녹아 붙은 것을 그때는 아무도 몰랐다.

당연히 양쪽 귀로 듣는 것이 순리이니, 순리대로 살지 못하는 곳에 부작용이 따르는 것은 당연하다. 원래 내 인상이 좀 딱딱해 보이는 탓도 있지만 나는 웬만하면 못 들은 체하고 상대하기 싫으면 다른 생각하는 척하는 교만한 여자라는 비난을 심심찮게 듣는다. 알고 보면 다 내 귀가 나빠 못 들었기 때문에 생기는 오해다. 오른쪽에서는 너 죽인다 해도 모르니 더러는 정신 나간 사람 취급을 받을 때도 있다.

내게 모든 소리는 왼쪽에서만 오기 때문에 소리의 방향이 어느 쪽이든 상관없이 나는 왼쪽에서 소리의 주인을 찾는다. 오른쪽 바로 옆에서 나를 불렀던 사람이, 왼쪽을 두리번거리는 나를 의아한 눈으로 쳐다볼 때는 영락없이 장애인 된 기분이 든다. 언젠가는 조용한 회의시간에 갑자기 밖에서 벼락같이 큰 폭발음이 난 적이 있었다. 모든 사람이 놀라 일제히 피신할 듯 오른쪽으로 몸을 돌릴 때 나만 왼쪽으로 돌려 무참했던 기분을 오래도록 잊을 수 없었다. 사람이 많은 곳이거나 마이크 소리일 때는 더욱 알아듣기가 힘들어서 영락없는 형광등이 되고 만다. 형광등이 껌벅거리는 동안 내 머릿속에서는 토막토막 들은 단어를 꿰맞추어 문장을 만드느라 바쁘다. 그런데 그 합산한 문장이 항상 남이 다 웃고 난 다음에야 나오는 것이 늘 불만이다.

엉뚱하게 동문서답을 하거나 아예 못 듣는 실수로 남의 웃음거리나 놀림감이 되는 것이 소싯적에는 무척 자존심 상하는 일이었다. 여러 사람이 모여 웅성거리는 자리일수록 정확하게 알아듣기가 힘들어서 그런 자리에 참석하는 기회는 될 수 있는 한 피하면서 살았다. 자연히 나는 혼자 있는 시간을 가장 마음 편하고 자유롭게 느끼는 성격이 되었다. 혼자서도 시간을 잘 보내며 또 혼자 다니는 것을 좋아하는 내 성격의 원인이 아무래도 상당 부분은 청력 장애에 있으리라고 생각한다.

약점을 내보이지 않으려고 자신을 위축시키며 소극적으로 대처한 젊은 날이 아깝다는 아쉬움이 들지만 이젠 너무 늦어버린 자각이다. 매사를 정확히 알아야만 한다는 아집을 버렸더라면, 그리고 때로는 좀 멍청한 사람으로 보이는 것쯤 감수하는 여유를 가졌더라면 가진 소양을 좀 더 적극적으로 펼치며 살았을지도 모른다.

실토하거니와, 나는 이미 수년 전부터 가는귀를 먹기 시작했는데 몇 년 전에 교통사고를 당한 후로는 다른 이상異狀이 하나 더 생겼다. 달리 환경이 개선된 것도 아닌데 이전에 듣던 주변의 자잘한 소음騷音들이 나의 청각 범위에서 사라진 것이다. 스테레오가 안 되어 그런지 두 가지 이상의 소리가 같이 날 때는 한 가지 소리도 제대로 듣기가 힘들기 때문에 평소에 나는 소음에 무척 신경질적인 편이다. 그런 내게 짜증스런 주위의 소리들이 줄었다는 것은 그리 나쁜 일은 아니라 싶다. 소음에 방해받지 않고 공상의 세계를 헤매거나 독서삼매에 빠져 있을 때는 오히려 고마워해야 할 것 같기도 하다. 좋아하는 음악을 들으면서는 방음장치 된 방이라도 가진 듯해서 혼자

낄낄대기도 하니 이만하면 남다른 혜택을 누린다고 해야 될 것도 같다.

삶의 소리들과 멀어지는 데서 오는 또 다른 소외감이 생기지 않는 것은 아니나 새삼 다칠 자존심이 남아 있을 만큼 이젠 젊지 않다. 많은 것에 관심을 가질수록 소외감도 더 커질 것 같아 요즈음은 될 수 있는 한 관심의 반경을 좁히고 일상을 단순화하려고 노력하고 있다. 식구들이 주고받는 말도 직접 내게 하는 눈치가 아니면 모르는 대로 그냥 넘어가려고 애쓴다. 같은 말을 두 번 세 번 묻고 대답해야 하는 부산스러움에 식구들보다 내가 먼저 지치고 말기 때문이다.

주위의 소리들을 절반쯤만 들으며 산다고 해도 사실 뭐 그리 크게 손해 볼 일은 없을 듯하다. 오히려 너무 많은 것을 들어서 손해되는 일이 많았다. 사람이 살아가는 데에 그렇게까지 많은 먹을 것, 볼 것, 들을 것이 필요한 것은 아니라는 사실을 이 나이 되어서야 깨달은 것이 손해라면 손해다. 정확하게 들리는 것과 꼭 들어야 할 것만 듣는 것으로도 세상을 살아가기에는 충분하다. 더러는 못 들은 척하는 것이 더 편할 때도 있고 차라리 듣고 싶지 않은 것도 얼마나 많은 세상인가?

(2000)

# 아버지의 기도

많은 사람들이 북한으로 금강산 관광을 가고 있다. 우리 아이들이 엄마는 가고 싶지 않느냐고 묻는 것은 내 고향이 북쪽인 까닭이다. 어려서 내려와 기억도 별로 없는 말만의 고향이니 애틋한 그리움 같은 것이 있을 리도 없건만, 거의 평생을 살아온 이곳을 고향이라고 생각해본 적이 없다는 사실에 새삼 놀란다. 아마도 부모님이 모두 일찍 돌아가시고 일가붙이도 별로 없이 우리 삼 남매만 남아 사는 외로움 때문일 것이라 생각된다.

아버지가 살아 계실 적 어느 날 나는 아버지께 통일이 되면 고향으로 돌아가 살 것인지 여쭤 보았던 적이 있다. 그 무렵 남북 적십자 회담을 위해 아무 정치인이 비밀리에 북한에 갔다 왔다는 사실이 뒤늦게 밝혀지면서 통일에 대한 기대감으로 사회 분위기가 몹시 들떠 있었다. 내 물음에 아버지는 "당장 살러 갈 수야 있겠냐만 함흥의 고향집과 너를 낳은 의주는 가봐야지." 하셨다.

내가 태어난 곳은 평안북도 의주義州인데 아버지는 금쪽같이 여기는 외딸을 얻은 곳이라는 의의와 또 한 가지의 특별한 기억으로 그곳을 떠올리곤 하셨다. 부모님은 결혼 후 수년이 지나도록 아이가 생기지 않아 몹시 기다리던 차에 함흥咸興을 떠나 의주로 이사를 하게 되었고 그곳에서 내가 태어났다. 그래서 아버지는 자주 내게 "너는 의주 물 먹고 의주에서 낳았다."고 하며 의주를 강조하기를 좋아하셨다.

또 한 가지의 특별한 기억이란, 아버지가 워낙 구변이 좋은 사람이기도 했지만 들을 적마다 실감이 나면서 가슴이 두근거리는 이야기였다. 아버지는 어린 나이부터 중국에 유학하셨고 우리나라에는 아직 없는 분야였던 화학공학을 전공하셨다. 부모님이 의주로 가신 것은 아버지가 일제 당시 동양 최대의 역사役事였던 수풍댐 건설 공사에서 근무하게 되었기 때문이었다. 수풍댐 공사는 우리나라와 중국에서 엄청난 수의 인력이 동원되었고 공사장에서 목숨을 잃은 사람도 부지기수였다고 한다. 본인 실수로 사고를 당하는 것은 그렇다 치더라도 사실은 그 안에서 알게 모르게 저질러지는 살인사건도 드물지 않았다는 끔찍한 공사였다.

지금처럼 특수 장비가 있는 시절도 아니어서 모든 공정은 거의 사람의 힘으로 진행되었다. 교각을 세우기 위한 거대한 구덩이는 아래가 가물가물할 정도로 까마득한 깊이였다. 시멘트로 반죽한 자갈과 모래를 인부들이 줄줄이 등짐으로 져다가 구덩이에 쏟아붓고 돌아 나가곤 하는데, 미운 털이 박히면 누구의 발에 채여 순식간에 시멘트 반죽과 함께 까마득한 구덩이 속으로 떨어질지 알 수 없는 일이었다. 노무자들에게 찍힌 일본인 기사가 쥐도 새도 모르게 사라져버리는 일이 발생하자 현장의 일본인들에게는 절대로 구덩이 근처에 접근하지 말라는 명령이 있었다고 한다.

조센징이 건방지게 폭발물 취급 자격을 가졌다고 아버지를 무척 핍박한 일본인 기사가 한 명 있었다. 현장에서도 워낙 악질로 소문이 나 있어서 노무자들 중에는 그 자가 구덩이 가까이에 접근하기만을 노리는 사람이 많았다고 한다. 그러나 그것은 자타가 다 짐작하는 공공연한 비밀이어서 약아빠진 그 자가 빌미를 만들어 줄 리는 만무한 일이었다.

아버지는 새벽마다 아침 운동으로 자전거를 탔는데 댐 공사로 축조된 제방 둑이 자전거로 달리기에 안성맞춤이었다. 그날도 새벽안개를 가르며 페달을 밟아 가는데 앞에서 마주 달려오는 사람이 있었다. 물안개가 워낙 짙어서 바로 앞에 와서야 발견하고 깜짝 놀라 자전거를 멈추었는데 높이 앉은 아버지가 먼저 그 사람을 알아보았다. 그 일본인 기사였다. 곧이어 그 사람도 아버지를 알아보았다. 몹시 당황한 표정을 보인 것도 잠시, 이미 아버지의 발길에 걷어 차인 그는 수백 길 제방 아래로 비명 한 마디 못 지르고 굴러떨어지고 말았다. 그것은 안개 자욱한 첫새벽 눈 깜짝할 사이에 저질러진 완전범죄였다.

그날 이후 아버지는 내심 가책이 되지 않는 것은 아니었으나 너희 폭압에 무고하게 죽은 조선 사람 수가 얼만데 라는 생각으로 자위를 삼았다. 일주일쯤 지난 어느 날 아버지는 사무실에 들어서는 길로 의주 주재소에서 걸려온 전화를 넘겨받았다. 주재소 순사가 아버지 성함을 확인하더니 아무개를 아느냐고 묻는데 바로 그 일본인 기사의 이름이었다. 순간 '시체가 발견되었나 본데 왜 나를 찾나 무엇이 잘못 되었구나.' 싶었다. 아무개 기사가 제방에서 추락했는데 다행히 발견되었고 여러 날을 혼수상태에 있다가 겨우 정신이 들어 당신을 찾으니 지금 곧 병원으로 가 보라는 순사의 말이었다.

그 제방에서 굴러떨어지고도 죽지 않았다는 것은 도저히 믿기 어려운 일이었다. 조금이라도 미심쩍었다면 그동안 어디로든 몸을 피했지 의주에 남아 있을 리가 없었다. 우리가 살던 곳에서는 썰물 때면 신을 벗어 들고 압록강 건너 만주로 장을 보러 다녔기 때문에 국경을 넘는 것은 일도 아니었다.

아침 설거지를 하고 있던 어머니는 조금 전에 사무실로 나간 아버지가 이상한 표정으로 되돌아온 것을 보고 심상치 않은 기분이 들었다. 아버지는 어머니를 방으로 불러 별일 아니니 놀라지 말고 지금은 아무것도 묻지 말라고 했다. 아이와 귀중

품만 챙겨서 지금 곧 이곳을 떠날 터이니 다른 사람이 눈치채지 않도록 준비하고 있으라고만 일렀다. 긴박한 내용치고는 아버지의 행동이 너무 침착해서 어머니는 도저히 감을 잡지 못한 채 나를 둘러업고 다리만 후들후들 떨었다고 한다.

아버지는 어머니와 나를 고향인 함흥의 본가로 보내고 당신은 즉시 국경을 넘어 중국으로 피신할 생각이었다. 그러나 아무래도 이상한 것이, 일이 탄로났으면 당장 범인부터 잡아들일 일이지 순사가 정중하게 병원에 가 보라고 연락을 하는 것은 무엇이란 말인가? 그것도 조선 사람이 일본 사람을 살해한 엄청난 사건인데 일본 순사가 이렇게 여유만만하게 장난을 할 리는 없었다. 상황도 알아보지 않고 도망부터 갈 일이 아니다 우선 내막부터 알아보자 싶은 배짱으로 아버지는 병원으로 찾아갔다.

알고 가지 않았으면 알아보지도 못할 정도로 얼굴 모습이 변한 일본인 기사는 머뭇거리는 아버지를 보자 몹시 놀라며 반가워했다. 여차하면 튀어야겠다 싶어 잔뜩 긴장하며 다가가 좀 어떠냐고 물었더니 그는 아버지의 손을 잡고 울먹이며 느닷없이 고맙다고 말하더라는 것이다. 할 말을 찾지 못하고 의중을 살피고 있는 아버지에게 그는 뜻밖의 말을 했다. 그동안 지은 죄로 보아 자기는 누구 손에 죽을지 모르는 사람인데 이렇게 다시 살게 해주었으니 제일 먼저 당신을 만나 꼭 감사하고 싶었다면서 눈물을 흘리는 것이 전혀 연극 같아 보이지는 않더라는 것이다. 만나게 해달라고 순사에게 부탁은 했지만 당신이 정말 찾아올 것이라고는 생각하지 못했다. 이렇게 온 것을 보니 당신은 정말 용기와 소신이 있는 사람이다. 앞으로의 인생은 속죄하는 심정으로 살겠다. 진심으로 당신을 존경한다. 대강 그런 얘기였다. 일본인 기사는 그 후 몸이 회복되어 일본으로 돌아갔는데 아무에게도 아버지의 일을 발설하지 않았다.

열세 살에 중국 유학을 시작한 이후로 십여 년이 넘도록 국경을 넘나드는 생활을 했던 아버지는 죽을 고비를 넘긴 적이 한두 번이 아니었다. 마적 떼를 만나 곤경을 겪기도 하고, 뜻하지 않은 총격사건에 휘말려 구사일생으로 목숨을 건진 적도 있었다. 아버지가 자그마한 몸집과 달리 호방한 성격에 강한 의협심을 지닌 것은 윗대로부터의 내림도 있지만 그런 청년 시절을 거친 영향이 컸으리라고 생각된다.

아버지는 일제 말경부터 여자들이 많이 입게 된 속칭 '몸빼'라는 옷을 왜정시대의 유물이라고 어머니에게는 못 입게 하실 정도로 그 시대를 증오하셨다. 그래도 그 일본인 기사에 대해서만은 가끔 생각도 하고 말씀도 하셨다. 말씀 끝에 "잘 살고 있을 것이야." 라고 하시던 혼잣말은 아마도 그 사람을 위한 아버지의 진심어린 축복과 기도였을 것이다.

이젠 자유로운 혼으로 아버지는 그리던 고향집을 훨훨 다 돌아 보셨으리라 믿는다. 그리고 '사이렌' 이라는 별명으로 불릴만치 많이 울었던 나를 사무실까지 업고 다녀서 별난 아버지로 소문이 났다는 의주의 그 마을도 어머니와 함께 두 분이 훨훨 다 다녀보셨을 것이라 믿는다.

중국에서 가자면 압록강 건너로 내가 태어난 마을이 빤히 건너다보이겠지만 가보고 싶지는 않다. 통일이 되면 금강산에 꼭 한 번 더 가겠다던 아버지가 안 계신 지금 나 혼자 관광 삼아 금강산에 가보고 싶지도 않다. 통일이 되면 그때는 나도 의주에 가서, 어머니가 빨래를 했다는 뗏목에 올라앉아 한없이 압록강을 바라보리라.

# 잠, 잠잠

말하자면 나는 잠이 없는 편에 속하는 체질인 것 같다. 불면증이 있어 밤잠을 제대로 못 자는 날이 많지만 이튿날 낮잠으로 보충하는 일 없이 그냥저냥 지내는 것으로 보아 그렇게 생각한다. 밤새 한잠도 못 잔 것 같아도 사실은 잠깐씩은 깊은 토막잠을 자기 마련이라는 의사의 말을 믿고 있다.

그런데 이상한 일은 전날 밤의 수면 사정에 관계없이 나는 차만 탔다 하면 조는 버릇을 가지고 있다. 처녀 시절에 아버지의 친구 중 한 분이 버스에서 심히 딱한 모습으로 졸고 있는 나를 보고 그 부인께 한 말이 있다.

"처녀 아이가 차 안에서 그렇게 조니까 참 흉합디다."

그러니 남부끄럽기가 보통이 아닌 버릇인데도 평생을 고치지 못하고 산다. 차만 타면 조는 것이 일종의 차멀미라는 말을 들은 적이 있는데 내가 원래 차멀미를 심하게 하는 체질이기는 하다. 옆에 동행이 있거나 오늘처럼 차내에 특별히 흥미로운 사건이 있다면 또 모를까 그렇지 않고서는 꾸벅거리는 꼴불견 신세를 감수하고 사는 수밖에 없다.

오늘 외출 때는 여름 한낮이라 그런지 지하철에 승객이 많지 않았다. 에어컨의 찬바람을 피해 마음대로 좌석을 골라 앉을 수 있어 우선 기분이 좋았다. 보나마나 졸음이 올 것이 뻔하니 아예 작정하고 눈을 감았는데 막 풋잠이 설핏 들었다가 정차하는 기미에 눈을 떴다. 언제 탔는지 내 맞은편 좌석에 한 중년 남자가 눈을 지그시 감고 앉아 있었다. 허리를 꼿꼿이 세우고 머리도 똑바로 하고 앉아 두 손으로 무릎에 올려놓은 짧은 우산의 양끝을 거머잡고 있는 자세가 아주 안정감이 있어 보였다. 선잠이라도 자는 것이라면 그렇게까지 바른 자세를 유지하기는 힘들 터이고 아마도 무슨 생각에 잠겨 있을 것이었다. 그런데 잠시 후 그 남자가 그만 옆의 빈자리로 사정없이 쓰러지면서 들고 있던 우산을 내동댕이치고 말았다.

그 사람은 그렇게나 바른 자세를 하고 앉아 재주도 좋게 말뚝잠을 자고 있었던 것이다. 차 안에서 조는 약점으로 치자면 더할지도 모를 주제에 염치없게도 순간적으로 터지려는 웃음을 참느라고 진땀이 다 흘렀다. 그 바람에 더 이상 졸지 않고 목적지까지 갈 수 있었으니 덕 본 셈이다. 하기야 여학교 때 내 짝도 수업 시간에 눈을 번히 뜨고 앉아 수시로 말뚝잠을 자는 친구였다. 군대에서도 구보 훈련에 지친 병사들이 정지한 자리에서 말뚝잠을 잔다는 얘기를 들었다.

낮의 외출이 너무 무리였던지 밤이 퍽 깊었는데도 아직 잠이 올 기미는 통 없다. 자리에 누워 '잠 좀 자야지, 잠… 잠…' 잠 타령만 끙끙대다가 결국 일어나 앉고 말았다. 기왕에 시작된 잠 타령이니 어느 잠이든 올 때까지 본격적으로 한 번 불러 보자 싶다. 지금부터 내가 알고 있는 잠이란 잠은 모두 청해 들여 춘향전의 기생 점고 아닌 잠 점고나 한바탕 해 볼 참이다.

'잠' 하면 무엇보다도 밤잠과 낮잠이다. 요즘은 천차만별인 직업 탓에 낮과 밤을 바꾸어 사는 사람들도 있다지만 그렇다고 낮에 자는 잠을 밤잠이라 할 수는 없는 노릇이니 일단 밤잠과 낮잠으로 대별해 보는 것이다. 밤잠의 연속선상에는 초저녁부터 곯아떨어지는 초저녁잠, 새벽에 자는 새벽잠, 지각遲刻의 원흉인 아침잠이 나란히 올라 있다. 낮잠은 말하나 마나 낮에 자는 잠을 이르는 말이지만 약간 달리 쓰일 때도 있다. 게으름을 피우거나 요긴하게 쓰일 물건이 제대로 쓰이지 못하고 버려져 있는 것을 낮잠을 자고 있다고 말하기도 한다.

잠의 이름에서는 자는 사람의 모습이나 환경이 그대로 짐작된다. 세상 모르고 잠든 아기처럼 아름다운 천사는 다시 없다. 아기는 두 팔을 머리 위로 벌리고 곤한 나비잠을 자고 있다. 나비잠은 잠 중에서도 가장 사랑스럽고 평화로운 잠이다. 아기는 꿈속에서 나비와 함께 춤추며 놀고 있나 보다.

어릴 때 장난이 심했던 남동생은 밤이면 귀잠에 떨어져 자주 이부자리에 일을 저지르곤 했다. 그런 날 아침이면 녀석은 으레 늦잠을 자는 체하면서 식구들이 다 일어나도 밖으로 나오지 못했다. 바늘방석에 누워 꾀잠을 자느라고 아마도 죽을 맛이었을 것이다. 동생은 뒷집 할머니만 보면 슬슬 피해 다녔는데, 오줌을 싼 날 아침이면 머리에 키를 쓰고 으레 그 집으로 소금을 받으러 갔기 때문이다. 그때마다 할머니는 커다란 나무주걱으로 정신이 펄쩍 들 만큼 큰소리가 나게 키를 두들겨 주곤 했던 것이다.

나도 많이 해보는 일이지만, 차를 타고 가면서 자는 잠은 꽤 한잠에 취했다 싶어도 대개는 선잠 혹은 겉잠이다. 깨고 나면 오히려 피로감만 더 몰려올 뿐이니 잔 둥 만 둥한 헛잠에 지나지 않는 것이다. 한잠이란 깊이 든 잠을 이르는 말이지만 잠시 자고나는 잠도 글자로는 '한 잠'이라고 쓴다. 몸이 아주 곤할 때 잠시 자고 나서 "한 잠 잤더니 훨씬 개운해졌다."고 말하는 경우다. 누에가 뽕을 먹지 않고 쉬는 것도 한 잠, 두 잠, 석 잠이라고 말하는데 이 경우는 횟수를 뜻하는 것으로 한 번, 두 번, 세 번을 잠잔다는 의미다.

피로에 지친 옛날 아낙네들은 돌꼇잠에 시달렸다. 돌꼇은 옛 여인들이 베를 짜기 위해 실을 감거나 풀 때 쓰던 기구의 이름이다. 돌꼇 앞에서 쏟아지는 졸음을 못 견뎌 깜박깜박 조는 모습은 상상만 해도 얼마나 애처로운 모습인가? 집안일로 농사일로 엉덩이 한 번 붙일 사이 없이 돌아친 고단한 몸으로 가족들이 모두 잠자리에 든 시간에도 돌꼇 앞에 앉아야 했던 옛 여인들의 고달픈 삶이 묻어 있는 이름이다.

개가 자는 모습처럼 모로 누워 머리와 팔다리를 오그리고 자는 사람을 보고 개잠을 잔다고 한다. 그렇다고 어른에게까지 개잠을 주무신다는 버릇없는 말은 삼갈 일이다. 어른께는 그저 칼잠을 주무신다는 정도로 해 두는 것이 좋겠다. 아침에 깨었다가 다시 드는 잠도 글자로는 개改잠인데 두벌잠이라고도 한다. 어른에게는 두벌잠에 드셨다고 하면 되니 이번 경우는 꽤 여유롭다.

등걸잠 혹은 등걸이잠은 입은 옷에 덮개도 없이 아무데나 쓰러져 자는 잠을 말한다. 나무등걸을 베고 자는 한뎃잠이니 동가식서가숙東家食西家宿하는 고달픈 신세가 그대로 짐작된다. 지하철역이나 기차역사에서 등걸잠을 자는 노숙자들의 모습은 이 시대의 큰 아픔이다. 바닥이든 의자든 가리지 않고 빈자리를 찾아 멍석잠을 자는 사람, 노루잠을 자는 사람, 토끼잠을 자는 사람, 몸이 얼마나 굳어질까?

발칫잠은 남의 발치에서 얻어 자는 잠이니 역시 서러운 잠이 분명하다. 위쪽에서 자는 사람들의 발끝에 채이지 않으려고 한껏 꼬부려 새우잠을 청해 보지만 그나마 내내 괭이잠이나 수잠일 것이 뻔하다. 발칫잠을 자고 나오는 사람의 모습은 항시 부스스한 것이 꺼벙하기 짝이 없다.

동물 중에는 계절의 혹독함을 피해 겨울잠(冬眠)이나 혹은 여름잠(夏眠)을 자는 것들이 있다. 대개의 양서류나 북극곰은 겨울잠을 그리고 열대 지방의 어떤 생물들은 여름잠을 잔다고 한다. 겨울잠도 싫고 여름잠도 나는 다 싫으니 제발 이 나른한 봄잠만은 빼앗지 말아 달라는 여인네 하나 저기에 보인다. 여인이여! 소리 없는 봄비에 저 많은 이불홑청이다 젖는구나. 다 마른 빨래 도로 젖는 줄 모르는 꿀맛 같은 단잠이 원수로다.

잠잔다는 표현을 무생물이나 어떤 일의 상태에도 쓸 때가 있다. 여러 겹으로 쌓인 솜 같은 것이 부풀지 않고 눌리어 착 가라앉은 것을 잠잔다고 하고, 문화적으로 각성하지 못한 무지한 상태에 있는 사람들도 잠자고 있다고 표현한다. 각성하여 그 무지로부터 벗어나면 오랜 잠에서 깨어났다고 말한다. 이 밖에도 내가 미처 인사를 터놓지 못한 갖가지 잠들이 어디에선가 그 이름값을 하고 있을 터이다.

잠 점고가 길어져 나는 잠 타령에 지치고 잠들은 장長타령에 지쳤다. 어둑새벽을 따라 이젠 잠들도 모두 떠날 채비를 하고 있다. 쪽잠이라도 좋고 꽃잠이라도 좋으니 잠시 붙잡아 깔깔한 눈을 좀 붙여야겠다. 그런데 내가 이 글의 서두에, 전 날 밤에 못 잔 잠을 다음날 낮잠으로 보충하는 일은 없다고 했던가? 그러니 지금 나와 함께 잠자리에 드는 것은 분명 낮잠 아닌 밤잠의 연장인 아침잠이렸다? (2003)

나의 뜨개질

도사 앞에서 요령 흔들지 마라

불면증과 함께 춤을

나는 마음씨 좋은 여왕

겉보다 실속이지

나의 나무를 생각하며

눈사람이 된 여인

두 송이의 민들레꽃

# 나의 뜨개질

어렸을 때 어머니는 내게 주로 분홍색이나 빨간색 털실로 스웨터를 떠 입히셨다. 앞가슴에 화려한 꽃들이 피어 있기도 하고 소매에 울긋불긋 춤추는 아이들이 떠올라 있는 예쁜 스웨터였다. 친구들 중에 그렇게 솜씨 좋은 스웨터를 입은 아이는 없어서 나는 한껏 멋을 뽐내곤 했다.

워낙 병치레를 많이 하며 자란 탓인지 어려서부터도 나는 밖에 나가 노는 것보다는 주로 집 안에서 지내는 조용한 아이였다. 그런데도 손장난만은 어찌나 심했던지 얼마 입지 않은 옷도 항상 소매 끝이 해지곤 했다. 그림을 그리거나 무언가를 만드느라고 손을 가만히 둘 때가 없었기 때문이다. 그런 내가 손재주 있다는 말을 듣는 것을 어머니는 별로 좋아하시지 않았다. 열두 가지 재주 가진 놈이 끼니가 간데없다는 옛말을 강조

하시면서. 그래도 내가 뜨개질을 좋아하게 된 것은 아무래도 어머니의 영향일 것이라고 생각한다.

첫 아이를 낳고 두 이레도 채 못 된 어느 날, 내 해산바라지를 하던 친정어머니가 쓰러지셨는데 놀랍게도 위암 말기였다. 평소에 위장이 좋지 않아 소화제를 상용하던 어머니이기는 했지만 그런 지경이 되었으리라고는 아무도 짐작하지 못했다. 그 길로 누운 어머니는 일 년 남짓 만에 돌아가셨고, 해산바라지를 마저 해주지 못한 것만 가슴 아파하던 어머니의 사랑이 내게는 한으로 남았다. 산후조리가 부실했던지 얼마 지나지 않아 어머니의 걱정대로, 흔히들 산후풍이라고 하는 병증세가 나타나기 시작했다.

둘째를 낳고서는 병원에서 돌아오는 길로 뜨다가 둔 뜨개질감부터 꺼내 들었다. 친정어머니가 안 계시니 생각 없는 내 뜨개질을 말려줄 사람도 없었다. 첫 아이 때와 달리 옆에 어머니가 안 계신다는 사실이 견딜 수 없이 외로웠고 그 허전한 마음이 털실의 포근함에서 위안을 찾으려 했는지도 모른다. 찬바람만 쐬지 않으면 산후조리인 줄 알았으니, 따뜻한 방에 들어앉아 온종일 뜨개질하기에는 안성맞춤이었다.

딸아이 둘을 키우면서 스웨터는 물론이고 원피스나 겨울 코트까지도 손으로 떠서 입히는 재미에 손에는 항상 뜨개질감을 쥐고 살았다. 자랄 때 우리 아이들에게는 돈 주고 산 스웨터를 입혀 본 기억이 별로 없다. 언젠가는 새로 산 스웨터를 자랑하는 친구를 보고 큰아이가 "엄마, 스웨터를 왜 사요?" 하며 몹시 놀라워한 일이 있어서 지금도 가끔 그 얘기를 하면서 웃곤 한다. 남편이 사업에 실패했던 때에는 밤잠을 줄여가며 뜨개질로 생활비를 보태기도 했다. 열두 가지 재주 가진 놈이 끼니가 간데없다고 내 손재주를 마뜩잖아 하던 어머니를 떠올리며 씁쓸한 감회에 젖곤 했다.

손도 빠르고 제법 창의력도 있어서 내 뜨개질 솜씨는 꽤 쓸 만하다고 자타가 공인하는 바였다. 성취감에 취하고 칭찬의 말에 취해 시간 가는 줄 모르고 손을 재촉했다. 시큰거리던 팔의 관절 부분들 특히 손목에 심한 통증이 시작되었고 수년 후에는 결국 관절염이라는 진단을 받았다. 그제야 내가 뜨개질을 지나친 자만과 욕심으로 함부로 다루며 몸을 학대하는 도구로 삼아 왔음을 통감했다. 십여 년이 지나도록 그 좋아하는 뜨개질을 손도 대볼 수가 없었다.

이즈음 다시 뜨개질을 시작하는 나를 보고 가족들은 뜨개질 병에 걸린 사람이라고 심히 질책한다. 여전히 조금만 무리해도 통증에 시달리고 그럴 때마다 가족들의 지청구가 여간이 아닌데도 뜨개질을 그만둘 생각은 없으니 내 생각에도 미상불 병은 병이라 싶다.

그러나 다시 시작한 뜨개질은 이전과는 다른 모습으로 내게 새로운 의미가 되었다. 이전의 뜨개질은 그 효과가 어디까지나 물질적인 것이요 일종의 과시용이기도 했기에 손과 마음이 항시 조급해서 마음에 여유가 없었다. 이즈음은 손목관절의 통증 때문에라도 뜨개질하는 손놀림에서 조급증이 없어졌고 그에 따라 마음도 느긋하니 여유로워졌다. 뜨개질거리를 대하면 빨리 해치워야 할 일거리로 여겼던 전과는 달리 오랜 친구와 마주 앉은 것처럼 마음이 편안해진다. 결과를 즐기는 뜨개질에서 과정을 즐기는 뜨개질로 변했다고나 할까?

뜨개질의 단순하고 반복적인 손놀림은 뒤틀리고 흐트러졌던 생각의 흐름을 서서히 한곳으로 모아 깊고 편안한 세계로 빠져들게 한다. 한 바늘 한 바늘 뜨개질이 계속됨에 따라 마음속에 가라앉아 있던 얽힌 실타래들이 한 올씩 풀려 나오고, 길게 이어진 실 끝을 따라 생각의 가닥들은 끊임없이 이어진다. 무의식적이다시피 계속되던 손을 멈추고 정신을 차려보면 뜨개질감이 턱없이 늘어나 있어 어이없기는 하지만 마음은 오랜 기도의 숲을 거쳐 온 듯 맑아져 있다. 그럴 때면 예부터 은수자隱修者나 수도자들이 단순노동을 하는 이유를 알 것 같기도 하다.

어느 시인의 말처럼 상처 없는 혼이 어디 있으랴만 워낙 상처를 잘 받는 성격이라 그런지 내게는 마음에 묻어야 할 아픔이 많았다. 드러내지 못하고 깊이 닫아둔 마음의 상처는 저절로 치유되지 않는다. 시간이 지날수록 상처는 더욱 두터운 덮개를 만들고 그 속에 도사리고 앉아 기회 있을 적마다 가슴을 찌른다. 상처의 덮개를 열고 깊은 내면에 침잠하여, 아픔의 가장 밑바닥으로부터 새롭게 자신을 조명하는 정화작업이 이루어지지 않는 한 그 상처는 근치되기 어렵다. 상처가 아프면 아플수록 치유하고자 하는 자기보호 본능도 강해지는 것이 생명의 본질이다. 뜨개질의 단순하고도 사색적인 분위기가 내게, 마음의 상처를 열어 깊이 조명하는 시간이 되어 주었고 강한 자기보호 본능을 일깨우는 공간으로도 잘 이용되고 있는 것 같다. 그러니 이즈음에 내가 몰두하는 뜨개질은 뜨개질 자체이기보다는 뜨개질하는 시간과 공간이라고 해야 옳다.

가장 사랑하는 것으로 인해 가장 큰 고통의 원천을 만드는 것이 인간의 약점이라, 아무리 좋아하는 것이라 해도 지나치게 열중하면 오히려 화가 될 수 있다는 것을 뜨개질은 내게 가르쳐 주었다. 지나친 사랑의 대상이 사람이 아닌 어떤 사물이라 해도 또는 뜨개질이라 해도 그 결과는 마찬가지였다. 그러니 자제력이 부족한 내게 뜨개질은 얼마나 적합한 화두인가?

뜨개질이 아무리 내 나름의 최상의 피정避靜이요 명상이라 하더라도 절제하지 못한다면 자부심에 찬 나의 뜨개질을 영영 그만두어야 할지도 모른다. 마음의 여유를 가지고 절제하면서 뜨개질을 오래도록 좋은 친구로 내 곁에 두고 싶다. 손바닥에 오는 포근한 감촉에서 어머니의 체온을 느낄 수 있을 것이다.

# 도사 앞에서 요령 흔들지 마라

딸아이들이 입시공부에 여념이 없던 시절이었다. 아이들이 학교에서 공부할 시간에 나는 기도삼아 가톨릭 신학원에서 신학공부를 하기로 했다. 새 학년 개강은 주교님이 집전하시는 미사로 시작하는 것이 상례였다. 그런데 어쩌다 그리 되었는지 얼떨결에 그만 내가 미사의 성가 반주를 맡아 오르간을 치게 되었다. 그 바람에 이후로 졸업할 때까지 미사 때마다 성가 반주는 당연한 듯이 내 차지가 되고 말았다.

학생은 한 학년이 40여 명쯤 되었는데 대부분이 2, 30대의 젊은 남녀 수도자들이고 나를 비롯한 서너 명의 평신도가 섞여 있었다. 사실 수도자들 중에는 음악을 전공한 사람도 있고 특히 피아노 전공자도 있게 마련이었다. 음악 전공도 아니고 그렇다고 정식으로 전자오르간을 배운 적도 없는 나는 모르면

용감해진다는 말대로 무척 용감했던 듯하다. 약간 배워둔 피아노 실력을 기본으로 전자오르간은 혼자 대강 터득하고 엉터리거나 말거나 본당에서는 오르간 반주자였기에 신학원에서도 용감해지기가 쉬웠다. 그리고 무엇보다도 나는 반에서 가장 나이가 많은 학생이었다. 젊은 수도자들이 나를 나이 대우하느라고 "저 오르간 못해요, 저 잘 못 쳐요." 하는 말을 나는 곧이듣고 싶었는지도 모른다. 그렇게 꽤나 잘난 기분으로 열심히 공부도 하고 성가 반주도 하면서 신학원을 마쳤다.

악기라고는 구경하기도 힘들었던 우리 어린 시절에는, 장난으로나마 만져볼 수 있는 유일한 악기다운 악기는 초등학교 때의 오르간뿐이었다. 그리고 일요일이면 성당에 가서 듣는 악기 소리 또한 오르간이었다. 그때는 다 리드오르간인 시절이었지만 성당에 있는 것은 학교 것보다 크고 건반도 많은 데에다 소리도 훨씬 듣기 좋았다. 그래서 그런지 나는 일찍부터 오르간 소리에 익숙해졌고 자라서는 바흐의 오르간 음악을 좋아하게 되었다.

언젠가 한 번은 대단한 파이프오르간을 만져 본 특별한 날이 있었다. 세종홀이 건축된 지 얼마 되지 않은 때였다. 파이프오르간이 설치되어 아직 공개되기 직전의 어느 날, 어떤 국제클럽회원들과 함께 세종홀을 견학하러 갔다. 아마도 오르간주자였을 어떤 이가 나와서 우리에게 오르간 파이프의 놀라운 크기와 음색에 대해 설명해 주면서 잠시 연주도 들려주었다.

그리고는 누가 나와서 건반을 한 번 눌러 보겠느냐고 친절하게 권했다. 건반에서 눈길을 떼지 못하고 붙어 있던 내가 누군가에게 등을 떠밀리어 오르간 위에 올라앉고 말았다. 나는 잠시 무슨 성가곡인가를 몇 구절 치면서 그녀가 가르쳐주는 대로 힘들게 페달을 밟아 보았다. 어정쩡하게 밟은 페달이 지축을 흔드는 듯 엄청난 소리를 내며 빈 홀을 울리는 데에는 겁이 덜컥 날 만큼 놀랐다. 생각지도 못한 그날의 특별한 경험은 큰 감동으로 남아 한동안 가슴을 얼얼하게 했다.

인연이라면 인연인 그런저런 이유로 오르간은 내게 무척 친근한 존재였다. 그런 연고로 내가 오르간을 감히 너무 쉽게 그리고 너무 가볍게 여겼던 것은 아닐까 라는 생각을 해본다. 그러기에 그 솜씨로 겁도 없이 악기의 왕이라 불리는 오르간에 함부로 손을 댈 수가 있었지 싶다. 오래지 않아 내가 얼마나 주제넘은 자신감에 취한 사람인가를 알게 되는 날이 왔다. 전문적으로 전자오르간과 파이프오르간 교육을 받은 젊은이들이 나오면서 오르간을 만지는 것이 두려워지기 시작한 것이다.

어느 날이었다. 어떤 행사에 참례하려고 다른 성당의 미사에 갔다. 반주자의 오르간 연주가 아주 훌륭해서 미사 내내 기분이 좋았다. 미사가 끝날 때쯤 살짝 2층 오르간 석을 올려다보았다. 신학원 동기생이었던 김 수녀님이 오르간을 치고 있었다. 미사가 끝나자마자 나는 김 수녀님 눈에 뜨이지 않도록 몰래 숨어서 돌아왔다.

또 수녀님 애기다. 언젠가 본당 수녀님의 이동이 있었던 때였다. 신학원에 다닐 때 후배였던 어린 예비수녀가 이젠 제법 관록이 쌓인 수녀님이 되어 우리 본당에 부임해 왔다. 오랜만에 만난 이李수녀님과 나는 서로 반가운 인사를 나누었다. 신학원 수료 후 내친김에 가톨릭음악원까지 마쳤던 터라 그 무렵에 나는 성가대 지휘를 맡고 있었다. 부활절 기간에는 특히 성가대 역할이 많아 연습 시간이 부족한데 어느 날 시작할 시간이 한참이 지나도록 반주자가 나오지를 않았다. 애를 태우고 있는데 이 수녀님이 급히 다가오고 있었다. 반주자가 갑자기 급한 사정이 생겨 못 오게 되었다면서 이 수녀님은 바삐 오르간에 올라앉았다. 그리고 말했다.

"자, 어서 연습 시작합시다. 시간이 없잖아요."

알고 보니 이 수녀님은 바이올린 전공에 피아노 실력도 상당한 사람이었고 전에 다른 성당에서 보았던 김 수녀님은 대학에서 피아노를 전공한 사람이었다. 신학원 시절에 그 두 수녀님뿐만 아니라 음악에 조예가 있는 또 다른 어떤 수도자가 서툰 내 반주실력을 참고 들어주었을 것을 생각하면 지금도 얼굴이 화끈거리는 것은 물론이지만 일변 원망스러운 마음이 들기도 한다. 그러나 그보다는 고마운 마음과 함께 안도의 한숨을 짓는다. 여느 단체 같았으면 내가 '도사 앞에서 요령 흔드는' 웃기는 사람으로 일찌감치 소문이 나고도 남았을 일이기에.

욕심대로 한다면야 세상에 잘난 사람으로 살고 싶지 않은 이가 어디 있으랴? 그러나 돌아보면 주위에는 모두 나보다 잘나고 똑똑한 사람뿐이니 도대체 나는 어디에 가서 한 번쯤 잘난 사람이 되어 볼 수가 있을까? 아서라. 공허하고 공연한 욕심이다. 그런 허황한 욕심에 마음을 팔기보다는, 도사 앞에서 함부로 요령 흔드는 사람이나 되지 않도록 조심하는 것이 더 쉽고 실속 있는 일이다. 모름지기 눈을 내리깔고 말을 참으며 아무데나 함부로 나서지 말 일이다. 잘난 사람과 비교되는 빌미만 만들어 주지 않는다면 내가 이렇게까지 못난 사람인 줄을 누가 알랴. 그런데 이 늦은 자각이나마 돌아서면 잊어버리는 일순간의 후회에 그치고 마니 아무래도 나는 시도 때도 없이 흔드는 요령소리에 불과하고 말 것인가? 그저 국으로 가만히 앉아 바흐의 무반주 오르간 음악이나 열심히 들을 일이다. 오케스트라에 대한 모든 욕망을 다 버린 후에라야 나오는 음악이 무반주음악이라 하지 않던가.

# 불면증과 함께 춤을

춤을 춘다/ 온갖 잠들이 춤을 춘다/ 잠 중에는 한잠(깊은 잠)이요/ 정 아니면 한 잠(잠깐 자는 잠)이라도 좋겠소만/ 속 모르는 두 한잠은 어이 저리 한데 돌아 설치는고/ 널뛰는 미친 년도 네 앞에선 무색겠다/ 하릴없는 내 윙크에 눈길 한 번 안 주니/ 이 밤도 너를 품어 보기는 아예 당최 다 글렀네/ 설설 기는 선잠 씨 저만치 비키시오/ 톡톡 튀는 토막잠아 뛰는 발끝에 채이겠다/ 겉도는 겉잠아 너라도 더불어 한 판 춤에 휘돌거나/

거의 습관적이다시피 찾아오는 불면증 기간도 아니건만 오늘로 벌써 나흘째나 본의 아니게 밤을 새우다시피 하고 있다. 아래층에 사는 여자의 정신 나간 히스테리가 밤을 찢으며 온갖 잠들을 흔들어 깨우고 있다. 비명소리에 덧들인 잠들이 밤새도록 머리말을 휘돌며 어지러이 춤을 춘다. 아래층 여자는 아마도 다시 정신병원에 실려 갈 때까지 저 짓을 계속할 모양이다. 언제부터인가 시작된 불면증이 정신병으로 발전하더라는 그 여자 남편의 무지한 말이 생각난다.

기억되는 어린 시절 이후로 나는 불면증을 잊고 살아본 적이 없다. 집을 떠나 잠자리를 옮기면 몇 날 며칠이고 밤을 새우는 것은 기본이고 내 집에서도 방을 바꾸거나 새로 홑청시친 이부자리를 덮는 날은 영락없이 잠을 설친다. 일단 시작된 불면증은 대개 일주일에서 열흘 정도면 지쳐 끝나는데 그러고서 한두 달이 지나면 틀림없이 다시 찾아오곤 한다. 이젠 그것이 거의 생활화되다시피 해서 으레 그러려니 하고 서로 자별한 친구삼아 산다.

젊어서는 하고 싶은 일이 많아서 잠이 오지 않아도 그것이 병증病症이라는 생각은 해 보지도 않았고 오히려 잠 오지 않는 밤 시간을 즐기며 지냈다. 아무에게도 방해받지 않는 조용한 공간에서 내가 하고 싶은 일에 몰두하며 밤을 새울 수 있다는 것은 남다른 특혜라는 기분마저 있었다. 이제는 욕심내기 어려운 젊은 날의 치기稚氣였다.

불면증에 시달리는 밤이면 눈은 모래라도 들어간 듯 따끔거리고 머릿속에서는 그치지 않는 금속성이 뇌신경을 찔러댄다. 젊어서처럼 밤을 새워 작업할 만큼의 건강도 아니고 돋보기로 글 읽는 데에도 한계가 오면서 초조감만 쌓여간다. 이리 뒤척 저리 뒤척 머리카락이 수세미가 되도록 애꿎은 베개만 비벼대는 동안 심신은 더욱 지치고 만다.

하나 둘 셋 넷… 숫자를 헤아리거나 조용한 음악을 듣는다? 아니면 따뜻한 우유라도 한 잔 마신다? 재깍거리는 시계 소리에 귀를 모아 볼 수도 있다. 허나 이미 다 섭렵해 본 진부한 시도들이다. 그렇다면 본격적인 잠은 아니더라도 최소한 그 비슷한 휴식이라도 찾아낼 수는 없을까? 그런 방법이 통 없으란 법은 없다. 어쩌면 잠을 자고 난 것에 못지않은 개운한 기분을 얻는 특효약을 발견할 수 있을지도 모른다.

할 수 있는 한 가장 편안한 자세로 눈을 감는다. 누워서 해도 되지만 상체를 좀 높여 길게 앉는 것이 더 효과적이다. 눈꺼풀은 부드럽게 힘을 빼고 천천히 심호흡을 한 후 무심無心을 염력念力한다. 명상삼매는 못 되더라도 생각 속으로 침잠하면서 몸과 마음을 맡기고 마음이 이끄는 대로 흘러 가보는 것이다. 빛나는 젊음과 순수한 감상이 넘쳐나던 그 옛날, 미래의 꿈을 키우던 아늑한 어느 구체적 공간을 나는 찾아간다. 지친 심신을 맡기고 빠져들 수 있는 나의 공간이 명상이면 어떻고 몽상이면 어떠랴. 원래부터 나는 공상하기 좋아하는 사람이 아닌가? 공상이 지나쳐 때로는 환상을 보기도 한다는 것을 실토한다면 아래층 여자처럼 정신 나간 사람 취급을 받을까? 그러나 그것은 어디까지나, 불면증과 친구하면서 얻게 된 내 버릇일 뿐이다. 그러다 보면 그 끝에 스르르 잠들어 버리는 평온을 얻기도 한다.

불면증은 쉽게 잠드는 이에게는 결코 주어지지 않는 착란의 특혜라고도 할 만하다. 그것은 미지의 공간이요 피안의 세계로 통하는 길목일 수도 있다. 깊은 독서나 몰닉沒溺한 작업의 공간도 나름으로는 피안의 세계라고 생각하지만, 심오한 기도나 아름다운 환상이 있는 공간은 더욱 더 가깝게 피안의 문턱에 닿아 있다고 느낀다. 일단 현실을 넘어서고 나면 잠이 아닌 나와 내가 아닌 잠의 구별 같은 것은 더 이상 존재하지 않는다. 그러니 불면증과의 사이에 팽팽한 히스테리를 만들 일도 없다. 불면증이 정신병의 시초가 되었다는 아래층 남자의 말에 두려움을 느낄 필요도 물론 없어진다.

사는 것이 결코 쉬워 보이지 않는데도 불평 없이 사는 김金 여사는 거짓말처럼 쉽게 잠드는 사람이다. 그녀는 그날의 걱정은 그날로 족하다는 말을 생각하게 한다. 도시 생활을 접고 찾아 들어간 농촌에서 육체노동으로 자신의 먹을 것을 해결하는 친정 동생네 가족들은 불면증에 시달리는 나를 무척 동정한다. 그들을 보고 있자면 일하기 싫고 게으른 자는 먹지도 말라는 일침이 가슴을 찌른다. 그들이 가진 꿀 같은 단잠의 세계란 아마도 세상사에 초연한 무욕無慾의 나라일 것이다.

그날의 걱정으로 족하지도 못하고 타당한 노동을 감당하지도 못하며 더구나 세상사에 초연하지도 못한 내게 불면증과의 결별이란 아직은 해가 먼 숙제로 남을 수밖에 없다. 그러니 차라리 불면증과 벗하며 어지러이 휘도는 잠들의 한 판 춤에 나를 던질 일이다.

# 나는 마음씨 좋은 여왕

때 되면 밥 줘, 벗어 놓으면 빨래 해 줘, 누가 날더러 청소를 하라나 전화를 받으라나. 원한다면 싼띠가 내 발인들 안 씻겨 주랴? 만나야 할 사람도 없고 해결해야 할 사무도 없다. 신경 쓸 일이라고는 단 한 가지도 없는 여기는 바야흐로 지상낙원. 나는 이 낙원의 여왕이다.

시간은 이제 겨우 아침 8시지만 밖은 벌써부터 불같이 강렬한 햇빛 천지다. 이미 청소를 끝낸 싼띠가 집안의 문이란 문은 모두 시원스레 열고 대문도 거칠 것 없이 활짝 열어 놓았다. 찬물로 샤워를 한바탕 하고 멀찍이 세워둔 키 큰 선풍기를 '약'에 맞추어 회전시켜 놓으면 넓은 거실 전체가 알맞게 시원해진다. 이제부터 나는 최대한 편안한 자세로 긴 소파를 차지하고 실컷 책을 읽을 참이다. 낙원의 여왕에게 어울리는 덕목에 독서삼매경 만한 것이 또 있으랴?

아! 깜박 잊은 게 있다. 무엄하게도 내 독서를 방해하는 녀석이 딱 하나 있기는 하다. 지금 막 그 녀석이 나타났다. 제 집마냥 서슴없이 현관을 거쳐 거실로 걸어 들어오고 있다. 보나마나 녀석은 또 건방지게도 내 존재 같은 건 아예 무시하고 내 앞을 유유히 지나 거실을 가로지르고 안마당의 정원으로 들어갈 것이다.

처음 이 거실에서 나를 만났던 날, 녀석은 전혀 놀라는 기색도 없이 내 앞에 멈추어 서서 잠시 내 얼굴을 빤히 쳐다보았다. 그러고는 머리를 갸우뚱하며 "못 보던 얼굴이네." 하고는 거실을 가로질러 안마당으로 들어가 잠시 빈둥거리다 돌아갔다. 책을 읽던 자세 그대로 꼼짝도 않고 앉아 놀란 눈으로 주시하고 있는 내 시선쯤이야 아랑곳할 것도 없다는 듯이.

이번에도 역시 나는 앉은 자세를 전혀 흐트러뜨리지 않지만 오늘은 고개만 살짝 돌려 녀석을 본다. 이젠 옆눈으로도 알고 발자국 소리로도 알고, 제 녀석이 들어온 것을 다 아는데 웬일인지 오늘은 녀석이 몇 걸음 들어오다 말고 걸음을 멈췄기 때문이다.

아! 그런데 오늘은 그 녀석이 아니다. 녀석은 옷 색깔이 연한 회색인데 지금 들어서서 나를 바라보는 녀석은 좀 더 짙은 회색에 갈색 무늬가 진 옷을 입었다. 좀 거리를 두고 선 자리에서 나를 빤히 바라보고 있다. '넌 처음 보는 아이구나.' 싶은 순간 또 누군가가 들어오고 있다. '아유 어쩜!' 나는 속으로 탄성을 삼킨다.

연한 회색빛의 예쁜 아기 염소다. 그러고 보니 먼저 들어와서 있는 녀석은 젖이 퉁퉁 불어 있는 엄마 염소다. 아기 염소는 마치 제 집에라도 들어온 양 두리번거리는 법도 없이 곧장 제 어미에게로 다가가 젖을 빨기 시작한다. 그래 그렇구나, 그 녀석의 가족이 틀림없는 게야.

"누나, 혈압도 높은데 추운 서울에서 고생하지 말고 여기 와서 나랑 겨울 나고 가소. 여기는 추위라고는 모르는 곳이고 요즘 두리안과 람부딴이 한창 제철이라오. 누나가 좋아하는 과일 지천이겠다, 우리 가정부 싼띠가 한국음식 잘하겠다, 와서 실컷 호강 좀 하고 가소." 막대기만 꽂아도 꽃이 피고 열매가 열린다는 인도네시아. 자카르타에서 사업을 하느라고 혼자 지내고 있는 작은동생의 권유를 따라, 겨울추위도 피할 겸 오랜만에 남매가 함께 한동안을 지내게 되었다. 동생이 사는 곳은 번잡한 시내를 벗어난 조용한 주택가여서 이곳의 아름다운 자연환경을 만끽하기에는 안성맞춤인 곳이다.

인도에는 소가 마음대로 다닌다는데 이곳에서는 염소들이 차도나 주택가를 가리지 않고 마음대로 풀을 뜯으며 다닌다. 인도네시아 인들은 염소고기를 많이 먹는다고 한다. 그래서 거리를 돌아다니는 이 염소들은 인도의 소들과는 달리 모두 임자가 있다. 우리네 염소와는 색깔도 다르고 몸집도 훨씬 크다. 염소라면 으레 머리에 작은 뿔이 돋아 있는 것으로 알고 있었는데 이곳의 염소는 뿔이 없고 귀가 기다란 것이 송아지와 아주 흡사하게 생겼다. 하루종일 이리저리 흩어져 다니며 풀을 뜯다가도 해 질 무렵만 되면 저희끼리 알아서 집으로 돌아간다는 것이 참 신기하다. 아무 곳이나 마음 내키는 대로 다니는 것 같지만 유심히 살펴보면 그렇지도 않다는 것을 알 수 있다. 대여섯 마리에서 열 마리쯤씩 무리를 지어 다니는데 각 무리는 나름대로의 영역을 가지고 있다는 짐작이 간다.

더운 지방이라 그런지 이곳의 가옥은 천장이 아주 높고 창문은 크고 많다. 문만 모두 열면 바깥이나 안이나 별 구별이 없으니 집안에 꼭 사람만 들어오라는 법도 없다. 도마뱀과 잠자리는 물론이고 새들도 무시로 날아 들어온다. 아기주먹만 한 달팽이, 색색의 나비, 손가락 마디 크기의 벌은 말할 것도 없고 오늘처럼 지나가던 염소도 무시로 출입한다. 이곳 사람들은 벌레가 들어와도 죽이거나 살충제를 뿌리는 법이 없이 그저 모두 집밖으로 몰아내면 그것으로 그만이다.

염소는 풀밭을 따라 집안으로 들어온다. 대문을 열어 놓으면 앞마당의 잔디에 이끌려 들어서고 현관 앞으로 오면 거실 초입의 작은 정원이 들여다보이니 또 그 풀빛을 보고 들어온다. 작은 정원을 돌다 보면 안마당의 큰 정원이 보이게 마련이어서 쫓아내지만 않는다면 염소는 결국 거실을 가로질러 집 안마당의 큰 정원까지 들어오게 되는 것이다.

이젠 나와 얼굴을 익히게 된 그 녀석이, 여러 번 들어와 보아도 내가 저를 쫓아내지 않더라 싶어 아마도 제 안식구에게 귀띔을 해주었을 것이다. 마음씨 좋은 여왕이 사는 저 집에 들어가 시원한 데서 아기 젖 먹이고 나오라고.

# 겉보다 실속이지

옛 친구 양수를 우연히 길에서 만난 것은 여학교를 졸업한 지 십여 년 만이었다. 그녀와는 어려서부터 한 동네에 살면서 초 · 중 · 고등학교 12년을 한 학교에 다녔지만 같이 어울려 다닌 적은 없었다. 양수는 속이 없어 보일만치 헤벌쭉 잘 웃는 아이였는데, 구겨진 스커트 자락에 마른 밥풀을 예사로 붙이고 다니는 그녀가 나는 별로 마음에 들지 않았다. 양수의 부모님은 시 외곽에 많은 농토를 가지고 직접 농사를 짓는 분들이었고 그녀는 다섯이나 되는 동생들을 거두면서 집안일을 도맡아 하다시피 하는 살림밑천 맏딸이었다.

십여 년 세월 동안에 양수는 아들 둘을 둔 중학교 국어 선생님이 되어 있었다. 깔끔하지 못해서 내가 못마땅해 했던 그녀의 옛 모습은 물론 어디에서도 찾아 볼 수가 없었다. 단정한 차림에 곱게 손질한 머리가 그녀에게 잘 어울리는 것이 솔직히 약간 놀라웠다. 얼굴의 절반이라고 놀림받던 큰 입에 하나 가득 함박웃음을 머금는 표정만은 옛날 그대로였다. 찻집을 나와 헤어지면서 양수는 또 얼굴의 절반이나 되는 입에 웃음을 하나 가득 담으며 다음에 꼭 다시 만나자고 다정하게 말했다.

이후로 다시 만날 기회는 없었지만 양수의 선량하고 환한 미소는 새삼스레 내 마음에 남았다. 악의 없이 헤식게 잘 웃는 그녀의 표정이 생각날 때면 나도 모르게 미소가 지어지곤 한다. 거울에 비치는 내 얼굴이 너무 우울해 보일 때면 입모양을 이리저리 움직여 양수의 미소를 흉내내어보기도 하는데 신기하게도 그러는 것만으로도 기분이 많이 풀리는 듯하다.

앞서 살던 동네에서, 두루뭉술하니 별로 예쁘지 않은 얼굴에 큰 입을 마음껏 벌려 잘 웃는 새댁이 있었다. 처음 만났을 때 그녀의 인상이나 웃는 모습이 옛 친구 양수와 무척 닮아 보여서 혹시 친척인가 싶어 물어본 적도 있었다. 그녀가 구사하는 지극히 단순하고도 평범한 어휘를 잣대삼아 나는 그녀의 최종학력을 짐작해보곤 했다. 젊은 사람이 부스스하니 결이 나쁜 머리카락에 너무 심한 사투리가 좀 거슬리기는 했지만 나는 그녀가 싫지 않았다. 아마도 양수에 대한 기분 좋은 기억이 그 새댁의 인상에 겹쳐져 친밀감이 갔던 것 같다.

어느 날 그 새댁이 내게, 이젠 아기가 꽤 자라서 잔손은 안 가도 될 것 같으니 학생 과외지도를 해볼까 싶다고 말했다.

알고 보니 그녀는 지방도시에서 수학교사로 재직하다가 결혼과 함께 서울로 오게 되어 교직을 그만둔 것이었다. 그 후로 그녀는 학생들의 과외지도를 하면서 꽤 쏠쏠한 수입을 올리는 눈치였고 얼마 후에는 자그마한 아파트를 장만해 이사를 갔다.

그렇게 닮아 보이는 사람들이 또 있었다. 나이에 어울리지 않게 언행이 가볍다는 비난을 받을 만치 성격이 명랑한 준일 어머니와는 한 동네에 살면서 서로 자주 왕래했다. 준일 어머니는 참 부지런하고 솔직한 사람이었다. 그녀는 입만큼이나 손도 잽싸서 온 집안을 반지르르 닦아 놓고 빨랫줄에는 눈이 부시도록 깨끗한 빨래를 그림처럼 가지런히 널어놓곤 했다. 손맛도 좋아서 그녀가 조물조물 무쳐내는 정갈한 나물 반찬은 참 감칠맛이 있었다. 내가 손맛을 칭찬해준 이후로 그녀는 자주 내게 나물무침을 가져다주곤 했다.

그런데 그녀가 나물접시를 들고 느닷없이 나타나는 것에 나는 여간 신경이 쓰이는 것이 아니었다. 거울처럼 닦아놓고 사는 그녀에게 어질러진 내 집안 꼴을 들키는 것이 망신스러웠다. 집안 살림이라면 누구 못지않게 이력이 난 그녀가 청소를 했거나 안 했거나 별반 차이도 없는 내 살림솜씨를 짐작 못 했을 리가 없건만 나로서는 마음 편히 준일 어머니를 반길 수가 없었다. 서툰 내 살림솜씨를 보면서 오히려 그 사실이 재미있어 더 나를 좋아했던 사람이라는 것을, 서로 소식도 모르는 지금은 알고 있다. 그녀는 언젠가 자기는 초등학교만 겨우 졸업했다고 네 살이나 아래인 내 귀에 대고 속삭인 사람이었다.

몇 년 전에 여학교 동창 몇이 만났던 적이 있다. 뜻밖에도 그 자리에 옥이가 나와 있었다. 학교 때 옥이 별명은 '까불이'였는데 유별나게 내 주위를 돌면서 하는 일마다 훼방을 놓던 친구였다. 수업 시간에도 주의가 산만해서 맡아 놓고 선생님께 꾸중을 듣는 아이였지만 돌아서면 그만인 명랑한 성격이었다. 옥이는 나를 보자 몹시 반가워하며 말했다.

"네가 온대서 널 보려고 일부러 왔다. 학교 다닐 때 나 너한테 참 짓궂게 굴었지? 사실은 난 네가 좋았는데 네가 다른 아이들과만 친한 게 심통나서 일부러 그랬다는 것 너 몰랐지?"

"넌 여전히 그렇게 명랑하게 사는구나."

잠시 세월을 잊게 하는 변함없는 옥이의 모습이 옛날과는 달리 보기에 좋았다. 곁에 앉은 친구들이 한 마디씩 거들었다.

"쟤 저렇게 까불어대도 집에 한 번 가 봐라. 온 집안이 거울이야 거울."

"음식 솜씨는 또 어떤데, 정말 뜻밖이지 않니?"

문득 날렵한 몸매에 유쾌하게 떠들며 내게 나물무침을 가져다주던 준일 어머니가 떠올랐다. 이 친구도 준일 어머니처럼 매일 시멘트 마당을 비누질해 닦을까 라는 생각이 들면서 불현듯 준일 어머니와 그 시절이 몹시 그리워지는 것이었다.

겉보기만으로 그 사람의 됨됨이를 다 알 수 있다면 인생이 얼마나 무미건조할까? 겪어봐야 아는 것이 사람이라는 데에 인간사의 묘미도 있고 굴곡진 드라마도 탄생한다. 첫인상이나 겉으로 드러나는 모습이 중요하지 않은 것은 아니지만 그러나 사람은 겉보기보다는 실속이다. 겉모습을 보는 것에서 그칠 뿐 실속까지 알아보는 눈을 가지지 못한 내게 친구가 별로 없는 것은 어쩌면 당연한 일인지도 모른다.

철없는 시절에 내가 본 양수는 '지저분한 차림새와 헤퍼 보이는 표정'이었지만 실상은 그녀는 '겸손하고 정직하며 책임감 있는 생활인'이었다. '귀찮고 짓궂은 개구쟁이'로 보았던 옥이는 실은 '매사에 적극적이며 밝고 근면한 여자'였다. 그들의 숨겨진 실속을 알아볼 만한 눈과 애정이 내게 없었을 뿐이다.

친구를 보면 그 사람을 알 수 있다고 한다. 유유상종類類相從의 뜻과 함께 오랫동안 같이 지내다 보면 서로 영향을 받아 닮아 간다는 뜻도 들어 있을 것 같다. 양수가 가진 순박한 미소를 가치 있게 보았더라면 나도 그녀의 환한 미소를 좀은 닮게 되지 않았을까? 옥이의 명랑하고 부지런한 생활습관을 배웠더라면 게으른 내 버릇이 조금은 고쳐졌으리라는 생각도 해본다. 나이를 먹는 만큼 마음의 눈도 길렀더라면, 겉보기만으로 옆집 새댁의 최종학력을 짐작하는 시건방진 판단 따위는 하지 않았을 것이다. 학생 과외지도를 하겠다고 그녀가 말했을 때 뜨악해진 내 표정을 보면서 오히려 그녀가 더 당황하던 순간 내 나이가 얼마나 부끄러웠던가? 엉성한 살림솜씨쯤 탄로 나는 것이 무에 그리 자존심 상하는 일이었기에 그토록 준일 엄마를 부담스럽게 여겼을까? 유식한 사람과 친구하기는 참 어렵다고 말하던 준일 엄마에게, 자존심이라는 허상 밑에 숨겨진 유식하지도 않고 실속도 없는 내 실상을 이제는 내보여주고 싶다. 그렇게 잃어버리고 흘려보낸 이웃이 모두 그립고 죄스럽다.

(2002)

# 나의 나무를 생각하며

지금은 늘어나는 주택가에 밀려 변두리로 옮겨가 있지만, 나의 모교인 여학교는 원래 울창한 숲을 뒤로 한 낮은 산자락에 자리잡고 있었다. 중학교와 고등학교가 한 울타리 안에 있어서 우리들은 대개 육 년을 한 캠퍼스에서 지냈다. 처음 중학교에 들어갔을 때, 학교의 역사만큼이나 나이가 많아 보이는 교정의 나무들이 참 인상적이었다. 긴 머리채를 땋아 늘인 고3 언니들의 위엄이 그 거목들만치나 높아 보였던 기억도 난다.

결혼 후 나는 줄곧 모교에서 그리 멀지 않은 곳에 살았다. 첫아이가 학교에 갈 무렵에는 모교에 초등학교가 병설되어 있어서 아이를 입학시키고 새삼 자주 학교에 드나들게 되었다. 입학식 날, 딸아이의 첫 교실이 내가 중학교 2학년 때의 교실인 것을 알고는 반갑고 놀라운 감회가 남달랐다.

그러나 정작 나를 놀라게 한 일은 따로 있었다. 그것은 모교 교정에 들어서는 순간 느닷없이 불쑥 내 앞을 막아 선 나무들과의 재회였다. 옛날에 비해 숫자가 많이 줄어들기는 했지만 결코 낯설지 않은 우람한 나무들이 여기저기에서 가슴을 쑥쑥 내밀며 아는 척을 하는 순간 충격 같은 감동에 일순 숨을 멈추었다. 여학교 시절에 고운 낙엽을 줍느라고 친구들이 다 돌아간 줄도 모르고 혼자 나무 사이를 헤집고 다녔던 시간들이 잊었던 세월의 단락을 젖히며 환호하듯 다가와 나를 휩쌌다.

방과 후면 그 짙은 나무 그늘에서 참 많은 시간을 보냈다. 낙엽을 고르거나 책을 읽느라고 정신이 쏙 빠져 있다가는 어느 순간 문득 찡- 하는 적막감에 놀라 주위를 둘러보곤 했다. 황혼이 내린 크고 텅 빈 교정에서는 왠지 무서움증이 느껴졌다. 일제 때 기숙사에서 죽었다는 처녀귀신 얘기라도 떠오를 양이면, 갑자기 엄청난 크기로 부풀어 올라 보이는 나무들이 당장이라도 내게 내려 덮칠 것만 같아 그러잖아도 무서운 가슴이 다시 놀라곤 했다. 등이 서늘하도록 놀래 주는 것이 야속해 눈을 흘기며 돌아 나오는 내 뒤에서 나무들은 서로 집적대며 키득거리다가 때마침 불어오는 바람에 "우- 하하-." 참았던 웃음을 터뜨리며 몸을 흔들어대던 것이었다.

교실에 들어간 딸아이를 기다리며, 오랫동안 잊고 지냈던 옛 시집詩集들의 책갈피 사이에 아직도 들어 있을 낙엽들을 생각했다. 집에 들어서는 길로 책장에서 옛날 시집을 몇 권 뽑았다. 낙엽들은 꼭 세월만큼 변색해 있었지만 모습만은 예전 그대로 반듯하게 간직되어 있었다. 딸아이에게 보여주며 너희 교실 밖으로 보이는 그 나무들의 낙엽이라고 말했더니 아이는 무척 신기해하며 그 후로는 자주 시집을 뽑아내어 책갈피를 들여다보곤 했다. 가을이 되면서 아이는 저도 몇 잎씩 곱게 물든 낙엽을 주워 다가 그 시집들 속에 같이 끼워 두고는 은밀한 비밀이라도 간직하듯 즐기곤 했다. 언젠가는 교내 백일장에서 그 낙엽들의 얘기를 동시로 써낸 딸아이가 장원을 해 와서 나를 감격시키기도 했다. 나의 낙엽과 엄마의 낙엽이 만나 밤이 새도록 지난 아이들의 이야기를 한다는 상상력이 꽤나 돋보이는 동시였다. 그 후로는 학교에 들를 적마다 더욱 각별한 마음으로 나무들을 쳐다보게 되었고 아이가 고운 낙엽을 주워 올 가을을 기다리기도 했다.

모교가 이전된다는 말을 들었을 때 제일 먼저 떠오른 것은 교정의 나무들이었다. 마침 모교에서 동창회원들을 위한 학교 이전 보고회가 있었다. 나무들을 옮겨갈 것이냐고 서둘러 질문하는 선배가 있어서 나 이외에도 나무에 관심을 가진 사람이 있다는 사실이 위안이 되었다. 그러나 너무 나이가 많은 거목들이라 옮겨가는 것이 불가능하다는 대답이었다. 오랜 세월을 지녔기에 크고 깊은 시간의 품에 딸과 나를 품어 한 줄기에 맺은 꿈이 되어준 나무들이었다. 오랜 세월이라는 사실이 나무가 베어 없어져야 하는 이유라는 아이러니가 심한 허탈감을 주었다. 보고회는 끝났지만 얼른 교정을 떠날 수가 없었다. 한 번 더 옛날처럼 시간가는 줄 모르고 나무 밑을 헤매며 낙엽을 줍다가 짙은 적막감에 놀라 문득 나무들을 올려다보고 싶었다.

회의장을 나와 우울한 마음으로 특히 크고 수형樹形이 아름다운 나무 밑에 멈추어 천천히 머리를 들어 올렸다. 놀랍게도 나무가 빙그레 웃으며 나를 내려다보고 있었다. 순간적인 환각이었을까? 분명히 빙그레 웃음 띤 표정이었다. 편안하고 자애로운 나무의 표정을 나는 분명히 보았다. 잠시 얼떨떨해져서 가만히 나무를 어루만져 보았다. 그리고는 손바닥을 통해 나무의 기氣를 느껴보려고 심호흡을 했다.

나무에 기대앉은 채 한동안 시간이 흐르면서 어쩌면 나무는 나를 위로하고 싶어하는지도 모른다는 생각이 들기 시작했다. 그러자 분명히 나무들이 내게 무언가를 말하고 있다는 확신이 들었다. 순리에 역행하지 않는 삶과 세상의 변화에 흔들리지 않는 의연함을 말하는 듯도 하였다. 내 마음은 알 수 없는 위로와 편안함에 젖어들고 있었다. 천천히 돌아 나오는 내 뒤에서 나뭇잎들이 소근 소근 끊임없이 속삭이고 있었다. "괜찮아, 난 괜찮아."라고.

결국 학교는 이전되었고 학교가 있던 자리에는 대단위 아파트 단지가 들어섰다. 친지들 중의 몇몇이 그 아파트로 이사를 하고 집들이다 모임이다 하며 여러 차례 초대를 해왔다. 그러나 나는 그곳에 가서 딸과 나의 추억이 서린 나의 나무들이 모두 없어진 사실을 확인할 용기를 한 번도 내보지 못했다. 연후에 멀리로 떠나와 살게 되었으니 다시는 초대받을 일이 없게 된 것을 다행으로 여긴다.

옛 시집 갈피 속에서 이제는 손대기도 조심스럽도록 바삭하게 말라버린 낙엽들만이 시간을 초월한 딸과 나의 추억의 한 자락을 소중히 간직하고 있다.

# 눈사람이 된 여인

어제 아침에는 다른 날보다 더 일찍 잠이 깨었다. 무심히 커튼을 젖히고 밖을 내다보던 나는 그만 탄성을 지르고 말았다. 밤사이에 소리도 없이 내린 눈으로 아파트의 넓은 정원이 마치 수많은 등을 밝혀 놓은 듯 화안해져 있었다. 5층에서 내려다본 하얀 정원과 새파란 수영장의 색깔 대비가 정신이 번쩍 들 만큼 청량감을 주었다. 수영하는 사람도 없는 한겨울에 그 큰 수영장을 하루도 거르지 않고 청소하고 물을 갈아 넣는 이곳 사람들을 이해할 수 없다 싶었는데 이날만은 그 파랗게 맑은 물이 꼭 필요한 풍경의 일부가 되어 있었다.

절강성浙江省의 성도省都인 항주杭州는 겨울이 크게 춥지 않은 곳이다. 기온이 영하로 내려가는 일이 별로 없어서 어쩌다 눈이 내리더라도 곧장 녹아버리는 것이 상례다. 올해처럼 이렇게 쌓인 눈을 보기는 수십 년 만의 일이라고 어제 종일을 텔레비전에서도 떠들썩했다.

항주의 겨울은 동백꽃의 계절이다. 대표적 관광지인 서호西湖의 호반은 물론이고 도시 어디에서나 겨우내 붉은 동백꽃이 피고 진다. 딸네가 사는 이곳 아파트의 넓은 정원에도 어김없이 여기저기 동백꽃들이 서로 고운 자태를 다투고 있다.

모처럼의 눈꽃 풍경을 사진에 담느라고 아침 일찍부터 카메라를 든 가족들이 정원에서 분주하게 움직이고 있었다. 중국은 주週 5일 근무제를 실시한 지가 오래되었는데, 어제는 마침 토요일이라 눈을 즐기는 사람들의 모습이 무척 여유로워 보였다. 나도 눈을 밟아볼 요량으로 정원으로 나갔다. 빨간색과 분홍색 동백꽃들이 소복소복 흰 눈을 머리에 이고 수줍게 웃고 있었다. 흰 눈꽃과 붉은 동백꽃이 어울린 것이, 크리스마스가 없는 이 땅에 마치 크리스마스트리가 주욱 늘어선 듯 보여 잠시 웃음을 머금었다. 뽀드득 뽀드득 눈을 밟고 거닐다가 정원을 가로질러 흐르도록 조성된 시냇물 가의 한 바위를 찾아갔다. 꽤나 돌돌거리는 물소리가 듣기 좋고, 겨울이 아닌 때는 작은 물고기들을 구경하기에도 좋은 곳이라 자주 찾는 편편한 바위다. 그 앞에서 나는 멈칫 걸음을 멈추었다. 누군가 일찍도 나온 부지런한 사람이 있어 벌써 바위 위에다 눈사람을 만들어 놓았다. 그런데 눈사람은 특이하게도 부조浮彫로 만들어 눕혀 놓은 여인상이었다. 곱실곱실한 긴 머리카락에 상체를 약간 틀어 누운 자태가 꽤나 요염하기까지 했다. 그런데 무엇보다도 돋보이는 발상이 하나 있었으니, 글자 그대로 백설의 얼굴에 동백나무의 새빨간 꽃잎 한 장을 입술로 물려 놓은 것이었다. 누군지 여간이 아닌 솜씨에 기발한 감각까지 돋보이는 예술작품이었다.

저녁때부터 날씨가 걷히기 시작하자 자꾸 눈사람에 신경이 쓰였다. 하릴없는 나의 이 우스운 관심을 딸네 식구들이 눈치챌까 봐 그것에도 신경이 쓰였다. 시장에 간다는 핑계로 슬쩍 들러보았더니 바위 근처는 일찌감치 앞 동 아파트의 그늘에 묻혀 있었다. 눈사람은 그런대로 건재했고 빨간 동백꽃 입술이 여전히 선정적일만치 어여뻤다.

그런데 오늘은 아침부터 날씨가 무척 쾌청했다. 지난밤이 별로 춥지 않았고 일찍부터 하늘이 맑았으니 눈사람이야 보나마나 녹아버렸을 터. 애써 잊으려 했지만 결국은 또 정원으로 나섰다. 정오의 햇볕이 이제 막 들기 시작한 바위에는 눈[目]물 같은 눈[雪]물이 줄줄이 흘러내리고 있었다. 육감적이던 하체와 가슴의 곡선은 흐트러지고 여인의 몸에는 작은 구멍들이 숭숭 뚫려 보기 흉했다. 꽤나 정교해 보이던 얼굴과 곱실곱실한 긴 머리카락은 겨우 윤곽만 남았고 그 돋보이던 빨간 동백꽃 입술은 비참하게 비뚤어져 있었다. 여자는 영락없이 병든 몸과 부끄러운 입이 싫어 이제 그만 사라져버리고 싶어하는 괴로운 형상이었다.

입술의 꽃잎이나마 바로 놓아 주려고 집어드는 순간 갑자기 현기증 같은 아득함이 눈앞을 스치면서 한 환상이 떠오르고 있었다. 지금 내 앞에 누워 있는 사람은 눈사람이 아니라 한 많은 일생을 마감하고 있는 한 여인이었다. 고난의 정점에서 정신을 놓쳐버리고 행려병자로 거리를 헤매다가, 어느 길모퉁이에서 늙고 고단한 몸을 웅크린 채 홀로 숨져간 여인. 명망 있는 가문의 고명딸로 부러울 것 없이 자랐지만, 천형처럼 물려받은 정신질환을 차라리 마지막 안식처로 삼았던 여인. 높은 학벌과 버젓한 결혼이 한때는 여인의 행복을 보장해 줄 듯도 했지만 그 모든 좋은 환경으로도, 연속되는 풍파와 정신질환의 불행을 막을 수는 없었던 가엾은 한 여인의 임종을 나는 지켜보고 있었다. 그것은 동백꽃이 많이 피는 이곳에서 줄곧 회상될 수밖에 없는, 한 여인과 나의 추억에서 오는 상상이었고 비뚤어진 입이 되어버린 붉은 동백꽃잎 한 장이 주는 환상이었다.

동백꽃을 만날 때면 나는 항상 여인을 떠올린다. 여인의 집 넓은 마당에는 세월이 깊어 고목이 된 동백나무가 여러 그루 있었다. 겨울이 끝날 무렵이면 추위를 견딘 핏빛처럼 붉은 동백꽃이 나무 밑에 툭 툭 떨어져 쌓였다. 동백꽃은 여느 꽃과 달리 시들거나 흩어지지 않고 흠집 하나 없는 꽃송이 채로 미련 없이 떨어져 내린다는 것을 나는 여인의 집에서 처음 알았다. 시들어 흩어지는 아픔이나 변색의 안타까움이 없다고 사워어가는 생명에 한이 없으랴. 생을 마감하는 동백꽃의 한이 핏빛처럼 붉다고 소녀 적의 나는 생각했다. 여인은 꼭 동백꽃처럼 모진 겨울을 살았고 또 그렇게 져갔다. 햇볕이 분명 모진 세파이련만 소리 없이 받아들이며 사라져간 눈사람이었다.

녹아내리는 눈사람에 겹쳐 상상되는 여인의 마지막 모습을 애써 지우며 처연한 감상을 털어내려고 시선을 드니, 눈이 시리도록 차고 맑은 겨울 하늘이 내 나라에서 보는 하늘인 줄로 잠시 착각이 들었다. 눈사람의 입이었던 자리쯤에 꽃잎을 바로 놓은 후 곁에 떨어져 있는 빨간 동백꽃 한 송이를 주워들고 발길을 돌렸다. 마당에 떨어진 동백꽃 한 송이를 주워 손바닥 위에 올려놓고 오랫동안 들여다보던 젊은 날의 여인의 모습이 또 눈앞을 어른거렸다. 때로는 친구 같고 때로는 언니 같았던, 평생을 두고 나를 사랑해 주셨던 그리운 나의 은사님.

"동백꽃은 지는 모습이 너무 덧없어 슬프다 그치?"하던 여인의 목소리가 귓가를 맴돌며 내 걸음을 따라왔다.

# 두 송이의 민들레꽃

요즈음도 그런지 모르지만 예전에는 초등학교 1학년 음악시간에 〈민들레〉라는 노래를 배웠다. 아기들에게 노랑 저고리를 많이 해 입히던 우리 어린 시절에는 참  친근하고 실감이 나는 동요였다.

길가의 민들레도 노랑 저고리/ 첫돌맞이 우리 아기도 노랑 저고리/ 민들레야 방실방실 웃어 보아라/ 아가야 방실방실 웃어 보아라/

민들레는 봄이면 우리의 산야 어디에나 지천으로 피는 향토색 짙은 꽃이다. 기다란 꽃대 끝에 노란 꽃 한 송이씩을 쏘옥 밀어올려 받들고 앉은 모습은 마치 노랑 저고리를 입은 돌잡이 아기마냥 앙증맞다. 꽃을 다 피우고 나면 하얀 솜 방울 같은 민들레 꽃씨가, 있는 듯 없는 듯한 한 줄기 바람에도 흩어지며

허공으로 흩날린다. 솜털처럼 가벼이 떠나가는 하얀 민들레 꽃씨를 볼 때면 내 몸도 꿈결처럼 두둥실 떠가던 어린 날의 느낌을 나는 지금도 그대로 느낄 수가 있다.

이 무렵쯤 한강 둔치에 나가면 제일 많이 눈에 뜨이는 것이 민들레꽃이다. 그런데 요즘 몇 년 사이로는 한강변에 나가보아도 민들레꽃이 그리 흔하지 않다. 이처럼 한강변에서 민들레가 귀해진 것은 아마도 민들레의 약성藥性이 몸에 좋다는 소문이 난 후부터가 아닐까 싶다.

우리 땅에서 자라는 3천여 종의 풀 중에서 먹을 수 있는 것은 600여 종이라고 하는데 민들레도 그 중 하나로, 오래전부터 잎은 식용으로 뿌리는 발한發汗이나 강장强壯을 위한 약재로 쓰여 왔다. 민들레는 여간 척박한 악조건 속에서도 어렵지 않게 자생하는 꽃이다. 도로변의 블록 틈새에서도 뿌리를 내리고 꽃을 피우는 것을 볼 때면 그 억척같은 생명력에 경탄하지 않을 수 없다. 들여다보면 뽀얗게 먼지를 뒤집어쓴 채 한껏 키를 낮춘 왜소한 모습이 꼭 "나도 민들레!" 라고 하소하는 듯싶어 눈물겹기도 하다.

민들레꽃을 볼 수가 없다고 해서 한강변에서 민들레가 영 사라졌다는 얘기는 아니다. 이른 봄 강가에 나가보면 겨울을 견디어낸 땅속줄기로부터 연한 잎을 펼쳐내고 있는 민들레를 흔하게 만날 수가 있다. 그러나 얼마 지나지 않아 비닐봉지를 든 사람들이 한강둔치를 헤집고 다니면서 아직 꽃도 피워보지 못한 민들레를 뿌리째 깡그리 캐어가고 만다. 수년을 두고 보아도 봄마다 똑같은 일이 되풀이되고 있다.

언젠가 둔치에서 민들레를 캐는 한 아주머니에게 민들레가 어디에 좋기에 그렇게 뽑아 가느냐고 물어본 적이 있다. 모르는 사람이라 무척 조심스레 물었는데도 웬일인지 그 아주머니는 몹시 기분이 상한 표정으로, 남들이 모두 좋다 하니까 좋은가보다 하는 거지 나도 잘 모른다고 내뱉다시피 말하고는 자리를 피해 가버렸다.

민들레는 잎이 연한 봄철에 먹어보면 쌉쌀한 맛과 청량한 향이 아주 상큼하다. 한강변에서 민들레를 캐어가는 사람들을 원망하는 나도 실은 봄이면 연례행사처럼 시골 친지 집으로 민들레 쌈밥을 먹으러 간다. 연한 민들레 잎을 솎아 뜯어 바구니에 담으면서 한나절쯤 시골여인이 되어보는 재미까지 쏠쏠하게 즐기곤 한다. 시골 들판에는 여간 뽑아내어도 흔적도 남지 않을 만큼 지천으로 널린 것이 민들레지만 쌈밥을 즐기는 데에는 뿌리까지 캐어낼 필요가 없다. 잎만 솎아내면 봄이 이슥하도록 계속 새 잎을 뜯어 먹을 수 있는 것은 물론이고 예쁜 꽃도 즐길 수가 있다. 날이 더워지면 잎이 억세어지고 쓴맛이 강해져서 먹을 수가 없지만, 쓴맛을 좋아하는 나는 약간 억세어진 민들레도 별미로 즐기곤 한다.

나는 가끔 혼자서 부질없는 성화를 한다. 사람들은 왜 하필이 공해 투성이라는 도심에서 어린 민들레를 캐어갈까 하고.

민들레를 뽑아가는 사람들에게는 잎을 솎아 뜯어가는 정도로는 안 되겠느냐고 물어보고도 싶다. 꼭 뿌리까지 필요하다면 민들레가 지천으로 널린 깨끗하고 공기 좋은 시골로 가든지 만약 뿌리의 약성이 필요하다면 튼실한 가을뿌리가 더 좋지 않겠느냐고 아는 척을 해보고도 싶다.

민들레꽃이 없는 봄은 어쩐지 우리의 봄 같지가 않다. 강가를 거닐다가 잔디밭에 누워 눈을 감아본다. 눈부신 봄볕이 만들어내는 아련한 허공으로 두둥실 떠가는 민들레 꽃씨들. 그 꽃씨와 함께 떠도는 나른한 권태와 행복감이 이제야 진정 봄을 느끼게 한다. 민들레 꽃씨에 실려 영영 떠나 가버린 내 어린 날의 꿈들은 어디에서 뿌리를 내리고 꽃을 피웠을까? 꽃씨에 실어 보낸 나의 꿈이 백마 탄 왕자였던가, 시인에의 열망이었던가? 정녕 철없는 날의 허망한 꿈이었다.

봄날 한낮의 강가는 한적하다. 눈을 감고 흩날리는 민들레 꽃씨를 따라가노라면 어느새 떠오르는 두 송이의 민들레꽃. 그 옛날 소꿉동무 호야의 손에 들려 있던 샛노란 두 송이의 민들레꽃이다.

어느 봄날 우리 집 대문을 열고 들어서는 호야의 손에는 뜻밖에도 활짝 핀 민들레꽃 두 송이가 들려 있었다. 너희 집 오는 길에 이게 피어 있더라면서 호야는 몹시 멋쩍은 얼굴로 던지다시피 불쑥 그 꽃을 내게 내밀었다. 마냥 선머슴 같은 소꿉동무 호야가 순간 남자로 느껴지는 놀라움이 잠시 머리를 스쳤다.

받은 민들레꽃을 어찌 했는지 잊었듯이 호야가 남자로 느껴지던 순간의 기억도 곧 잊히었다. 내 결혼식이 며칠 남지 않았던 어느 날 우리 집에 들른 호야는 전에 없이 잠깐을 머물렀다 가면서 말했다. 네가 죽든 내가 죽든 둘 중의 하나는 죽었으면 좋겠다고.

백마 탄 나의 왕자가 설마 호야였을 리야 있으랴? 그러나 호야에게 내가 풋과일 같은 첫사랑이었다면 호야 역시 내게는 무심히 흘러가버린 첫사랑이었을 것이다. 떠나간 민들레 꽃씨에는 미련보다 축복이 어울린다. 축복으로 승화된 시절을 보석처럼 간직한 채 이제 나도 늙었고 호야도 늙었다. 허망한 꿈이어도 좋으니 다시 한 번 옛날처럼 흩날리는 민들레 꽃씨에 마음을 싣고 어디론지 두둥실 떠나가고 싶다.

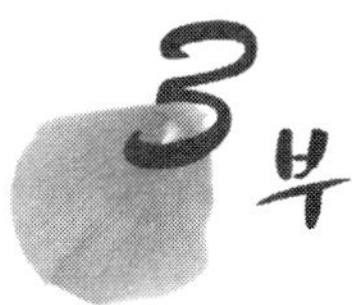
3부

# 마음은 어릿광대

근래에 줄곧 몸이 좋지 않아 불편한 일상을 감수하고 있다. 고질병이 되다시피 한 허리 통증이 또 도진 것이다. 한두 달 치료를 받으면 그만하게 마련이던 것이 이번에는 어찌된 셈인지 여러 달이 지나도록 증세가 개운해지지를 않는다. 마냥 젊은 나이도 아니니 이젠 몸도 회복의 속도가 떨어질 것이라 자위하며 조급증을 달래 본다.

불교의 법화경에는 "몸에 병 없기를 바라지 말라. 몸에 병이 없으면 탐욕이 생기기 쉽나니 병고로써 양약을 삼으라."라는 가르침이 있다. 병고를 오히려 좋은 약으로 여기고 고통이 주는 의미에서 가르침을 얻으라는 것이다. 마음이 아무리 바쁘고 짜증스러워도 일단 생긴 병은 떠날 때가 되어야 떠나는 법. 잠시 몸이 병들어 쉬는 동안에 마음도 쉬면서 생각의 속도를 줄여보라고 내 몸에 든 병이 충고를 주고 있다. 나이만큼이나 넓어져버린 몸의 면적에 어울리는 넓고 여유로운 마음의 속도를 연습해 보라고 얄밉게 권하면서.

만약 사람에게 생로병사生老病死의 과정이 없다면 이 세상은 아마도 사람이 살 수 없는 곳으로 변하고 말 것이다. 병들고 늙고 죽는 것이야말로 그나마 사람을 겸손하게 만드는 최고의 양약良藥이요, 세상을 유지하게 하는 최선의 영약靈藥이니 병이 주는 가르침이 어느 스승에도 못지않다 하겠다.

병이 났을 때 또는 병을 예방할 목적으로 사람들은 열심히 좋다는 약을 찾아 먹는다. 그런데 그토록 몸을 위해서는 종류 불문에 수단 방법 불문으로 약을 먹는 사람들도 생각이나 마음이 병드는 것에 대해서는 별로 신경을 쓰지 않는 것 같다. 몸에 좋다고 열심히 먹는 약의 내용들도 알고 보면 대개가 건강한 몸을 위한 것이기보다는 소위 말하는 정력증진이나 장수長壽 따위를 얻기 위한 것으로 보인다.

소문이나 광고대로라면 건강에 좋다는 양약이나 만병통치라는 영약이 어찌나 흔해빠졌는지 도대체 무엇이 정말 약인지 분간이 되지 않는다. 어떤 이들은 몸에 좋다고만 하면 동물이든 식물이든 가리지 않고 먹어서 아예 그 씨를 말리려 드는 것 같다. 먹을 수 있는 모든 동식물의 씨를 말리고 나면 나중에는 지구상에 인간만 남게 되지 않을까? 그때 남은 사람들은 무엇을 식량으로 해서 살아야 할까? 그런데 이해할 수 없는 것은 그런 영약들을 먹은 덕으로 백 세 혹은 이백 세를 살았다는 사람은 아직 본 적이 없다는 사실이다. 먹은 사람이나 아니나 대개 엇비슷한 나이에 비슷비슷한 병으로 세상을 떠나는 것이 인생이라 싶다.

내가 아는 사람 중에는 몸에 좋다면 그것이 무엇이 되었거나 가리지 않고 먹는 습관을 가진 이가 있었다. 별의별 것을 다 먹어보았다는 사실을 그는 무슨 무용담처럼 떠벌리곤 했지만 듣는 사람으로서는 소름이 돋을 때가 한두 번이 아니었다. 몸에 좋다면 특히 남자에게 좋다면 일단 먹어둔다는 사실에 그는 대단한 자부심이나 철학 같은 것이라도 가진 듯했다.

"개똥밭에 굴러도 저승보다 이승이 좋다는 말이 왜 생겼을 것 같소? 한 번 왔다 가면 그만인 세상인데 그래 당신은 오래 살고 볼 일이 아니란 말이요? 인간적 품위? 품위가 병 고쳐주는 것 보았소?" 라는 그의 지론을 생각하니 생각나는 이야기가 하나 있다.

처음에 조물주는 창조한 모든 동물에게 똑같이 30년의 수명을 주었다. 그런데 어느 날 소가 조물주를 찾아와 등뼈가 부러지도록 일만 하는 신세에 30년의 수명은 너무 가혹하니 제발 좀 줄여달라고 사정하면서 10년을 반납하고 갔다. 소문을 들은 개가 달려오더니 비슷한 형편을 통사정하면서 역시 10년의 수명을 내놓고 갔다. 원숭이도 조물주를 찾아왔다. 평생을 재주나 넘으며 남의 구경거리로 사는 것은 쉬운 줄 아느냐면서 잽싸게 10년을 반납했다. 얼마 후에 사람이 조물주를 찾아왔다. 그는 불평이 만만했다. 할 일은 많은데 수명은 너무 짧다는 것이었다. 앞의 동물들에게서 반납 받아둔 수명이 처치곤란이던 조물주는 기꺼이 30년을 몽땅 사람에게 내주었다. 그래서 사람은 30년 동안은 인간답게 살지만 그 다음 10년은 소처럼 일만하고 다음 10년은 개처럼 집을 지키고 그리고 원숭이처럼 어릿광대짓을 하다가 생을 마치게 되었다는 것이다.

양약을 많이 먹어 그런지 달변에다 입담도 좋은 그 남자를 당해낼 재간이 없어 그 앞에서 위의 이야기를 하지는 않았지만 만약 했다면 그이는 아마도 "그것 봐요. 사람이 짐승의 수명까지 다 얻었으니 이만한 식성쯤은 당연한 것 아니겠소?"라며 또 궤변을 늘어놓았을 것이다.

이야기대로라면 사람이 사람답게 사는 기간이란 기껏해야 30년 정도다. 그 이후로는 세속적 관심사와 이해타산에 등 떠밀려 사느라고, 인간으로서의 삶에 대해서는 생각해볼 만한 여유가 없는 것이 사실이다. 그러니 덤으로 받은 30년의 삶을 어떻게 사느냐에 따라 그 사람의 인생이 얼마나 인간다운 삶이 되느냐가 결정된다는 얘기다.

그런 의미에서 대략 삼사십 이후의 내 삶을 돌이켜 보자니 불현듯 가슴이 덜컥 내려앉는다. 허망하고 초라한 한 인생이 눈앞에 펼쳐져 보인다. 부인할 수 없이, 소와 개가 반납했던 그 힘겨운 삶에 다름 아니다. 평범에도 미치지 못하는 그저 그런 삶 하나 지탱하는 데에 그렇게나 많은 투쟁과 아집이 필요했을까? 뒤늦은 후회가 밀려온다.

이제 내게 남은 삶이란 어쩌면 어릿광대의 그것뿐인지도 모른다. 그러나 이제 와서 억울하다 한들 무슨 이득이 있으랴? 오히려 이젠 어릿광대의 마음으로 살고 싶다. 어릿광대라. 남다른 고통과 인내를 속으로 삭이고 인생의 비극을 희극으로 연출하며 승화된 모습으로 새로 태어나는 반전反轉 같은 삶. 감내한 고뇌와 끈질긴 자기애自己愛 위에 피어나는, 꽃처럼 선한 무언의 몸짓이요 천진한 원천源泉으로의 회귀回歸이기에 마음은 언제까지나 어릿광대에 머물러도 좋으리.

# 메리는 알고 있었다

감수성이 예민한 어린 시절에 받은 마음의 상처는 평생을 두고 지워지지 않는다. 어떤 경우에는 그것이 성격형성의 장애요인이 되기도 한다. 그러나 어린 마음에 큰 슬픔이었던 상처라도 아름다운 감성으로 승화될 수만 있다면 오히려 삶을 풍성하게 해주는 인생의 향기가 될 수도 있다.

어린 시절에 내가 받았던 가장 큰 마음의 상처라면 뭐니뭐니해도 메리와의 이별이다. 비록 미물인 개라고는 하나 그 이별의 상처는 순수한 시절의 감성 속에 용해되어 내 정서의 한 부분이 되었다. 그리고 그 아픔은 세상의 모든 생명은 귀하고 아름답다는 생각으로 승화되어 남았다.

내가 어렸을 때 외삼촌이 가져다 준 진돗개 메리의 이야기는 이전에도 한 번 글로 쓴 적이 있다. 강산도 변한다는 십

년을 넘게 같이 살았던 만큼 기억에 남는 일도 많아서 나의 글감이 되어주는 메리와 그 시절이 그립다. 메리는 진돗개답게 놀랄만치 말귀를 잘 알아듣는 개였는데 웬일인지 도저히 고치지 못하는 버릇이 하나 있어 어머니께 자주 혼이 나곤 했다.

내가 학교에서 돌아올 무렵쯤이면 어머니는 메리가 잘 묶여 있는지와 대문이 잠겨 있는지를 확인했다. 깜박 잊고 묶어 놓지 않은 날이면 영락없이 밖으로 뛰쳐나가 내 흰 교복 블라우스를 다 더럽혀 놓기 때문이었다. 버스를 내려 집으로 가자면 대개 일정한 지점쯤에서 내게로 돌진하다시피 달려오는 메리를 만나게 되었다. 사정없이 뛰어올라 흙발로 옷을 다 망치고 얼굴을 핥아대는 바람에 나는 길 가운데서 메리와 한바탕 전쟁을 치러야 했다. 그러니 비라도 오는 날이면 내 옷 꼴이 어떻게 되었겠는가. 그런데 대문 앞까지 와서는 으레 나만 들어가고 메리는 어물쩍거리면서 안 들어가는 것이었다. 내 교복을 더럽혀 놓았으니 어머니께 혼이 날 것을 알기 때문이었는데 그러면서도 평생 그 짓을 계속했다.

정거장에서 집까지는 족히 10분은 걸리는 번잡한 찻길인데 식구들이 돌아오는 것을 메리는 영락없이 알았다. 메리가 갑자기 귀를 쫑긋 세우고 쏜살같이 달려 나가면 내가 돌아온다는 것을 모두가 알 수 있었다. 그런데 이상한 일은 다른 가족이 돌아올 때는 귀만 쫑긋 세우고 긴장해서 기다릴 뿐 뛰어나가지는 않았다. 가족들 중에서도 특히 내가 저를 제일 좋아한다는 것을 메리가 안다고 나는 믿고 있었다.

메리는 열 살이 넘으면서 눈에 띄게 쇠약해졌다. 먹는 것도 옛날 같지 않고 주로 집안에서만 축 처져 지내는 모양이 사람으로 치면 영락없는 노인이었다. 수의사에게 보였지만 너무 늙어서 그런 것이니 별 치료방법도 없다는 것이었다. 어머니는 저것이 죽는 것을 어떻게 보느냐고 걱정이 태산 같았다. 공연히 너무 오래 길러서 이런 걱정거리를 만들었다고 때늦은 후회를 하시기도 했다.

그러던 어느 날 이웃집 아주머니가 한 낯선 중년 부인을 앞세우고 우리 집을 찾아왔다. 그 부인의 아들이 폐결핵으로 고생하고 있으니 약으로 쓰도록 메리를 줄 수 없겠느냐는 것이었다. 그 시절에는 결핵환자에게 좋은 약이라면 우리 메리 같은 늙은 황구를 제일로 꼽았다. 이웃집 아주머니는 메리가 어차피 얼마 살지 못할 바에는 죽을 사람을 살리는 약이 되어 주는 것이 개로서도 좋은 일 하고 가는 것 아니겠느냐는 말로 어머니를 설득했다. 그러나 어머니가 메리를 주기로 한 것은 그런 말에 공감해서라기보다는 메리가 죽는 것을 직접 보지 않아도 된다는 사실 때문이었다. 그리고 죽어가는 자식을 둔 그 부인을 동정해서였다.

두 사람이 다녀간 후, 힘없이 앞 뒤 마당을 여러 바퀴 돌아보는 메리의 모습이 여느 날과는 분명히 달라 보였다. 좋아하는 별식으로 준 저녁도 국물만 조금 먹었을 뿐 그대로 남겼다. 아무리 영리한 개라고는 하지만 설마 무엇을 알고 저러겠느냐고 어머니는 말로는 애써 부인했지만 우리는 모두 메리가 무언가를 알고 있다고 생각했다.

다음날 그 부인의 남편이 메리를 데려가려고 왔는데 메리는 한 마디도 짖지 않고 제 집으로 들어가 숨었다. 평소 같으면 어림도 없는 일이었다. 메리는 워낙 사나워서 낯선 사람을 쉽사리 대문 안에 들어서게 하는 법이 없었다. 아무래도 괜히 준다고 했다며 내내 후회하던 어머니는 마지못해 메리의 목줄을 그 남자에게 넘겨주었다. 메리는 체념한 듯 순순히 낯선 남자의 손에 이끌려 나와 어머니 앞으로 가더니 치맛자락을 여러 번 물었다 놓았다 하며 신음 같은 소리로 슬피 울었다. 그리고는 내게로 와서 머리를 비벼댔는데 눈에서 한없이 눈물이 흘러내리고 있었다. 고개를 푹 숙인 채 대문 밖으로 이끌려 가는 메리를 보고 "메리야, 너 모르는 사람인데 짖지도 않고 따라가니?"하며 당황하는 어머니의 얼굴은 후회스러움으로 일그러져 있었다. 골목을 다 빠져 나가도록 몇 번이나 뒤돌아보던 메리의 눈처럼 그렇게 슬픈 눈을 나는 아직껏 어디에서도 본 적이 없다.

개를 너무 오래 기르는 것이 아니라고 성화를 했던 이웃 노인들의 말을 우리는 그제야 이해할 수 있었다. 다시는 개를 기르지 않으리라고 어머니는 수도 없이 다짐했다. 그렇게까지

영물인 줄 알았더라면 차라리 죽는 것을 보는 게 더 나을 걸 그랬다고 두고두고 가슴 아파하셨다.

죽음이 기다리고 있는 것을 알면서도 메리가 충성심으로 순종했다고 믿는 것은 나의 지나친 비약일까? 나중에 알게 된 것이지만 그렇게 오래 기른 영리한 진돗개는 죽을 때가 되면 스스로 집을 나간다고 한다. 어머니가 나중에 그런 것을 알았더라면 얼마나 자책했을 텐데 모르고 돌아가신 것이 다행이다. 내가 지금까지도 이렇게 심산心酸할 때에야 어머니는 몇 배나 더 했을 것이니.

오래전 일이지만 나는 지금도 메리가 떠나던 날의 일을 쉽게 얘기하지 못한다. 감상感傷이 너무 지나치다고 흉잡힐만치 목이 메는 것을 숨기지 못하기 때문이다. 좀 부끄러운 말이지만 이 글을 쓰면서도 아마 열 번은 눈물을 닦았을 것이다. 그만큼 메리의 마지막은 내 어린 날의 크나큰 상처였다. 그러나 그 아픔과 메리는, 생명을 가진 모든 존재들 간에 느낄 수 있는 형제애의 모습으로 승화되어 내 감성 깊은 곳에 따뜻이 살아 있다.

# 복 있는 삶

아마도 게으른 것이 가장 큰 원인이겠지만 나는 운동하기를 싫어한다. 어려서부터도 밖에 나가 뛰어 노는 것보다는 방안에 들어앉아 책을 읽거나 그림을 그리는 것을 좋아했다. 그렇게 움직이기를 싫어하니 평생 몸이 건강하지 못한 것이 자업자득이라 해도 할 말이 없다.

설상가상으로 수년 전에는 교통사고를 당해 뼈가 일곱 개나 부러지는 중상을 입었다. 사고 후 반 년가량을 누워서 지내다시피 하고 나니 그러잖아도 부실한 몸이 무게까지 늘어나 본격적으로 건강을 걱정하지 않을 수 없게 되었다. 아무리 싫어도 이젠 운동을 해야 된다는 의사의 충고도 충고지만 유연성이라고는 없는 내 몸이 불편해서라도 운동의 필요성을 절감하지 않을 수 없게 되었다.

그토록 싫어하는 운동을 그것도 오십이 넘은 나이에 새삼 시작하자니 그 선택부터가 쉽지 않았다. 아직은 정상이라고 볼 수 없는 신체조건을 따지면서 수영이니 헬스클럽이니 또는 단전호흡 같은 것들을 생각해 보았다. 그 끝에 얻어진 결론은 싱겁게도 산책하기 즉 걷기였다. 운동 중에서도 달리기는 더 싫어하지만 평소에 나는 걷는 것만은 좋아하는 편이다. 버스 두 세 정거장쯤은 즐겨 걸을 정도로 걷는 것을 좋아한다. 마침 한강이 가까운 동네에 살고 있으니 한강 둔치를 걷는 것이 내게 최적의 운동이라는 결론을 얻은 것이다. 그러잖아도 시간 나는 대로 강가에 나가 물을 바라보는 것을 즐기던 터다. 하던 대로 계속 강가를 걷되 좀 더 빨리 그리고 좀 더 멀리 걸으면 될 일이었다. 운동이 그렇게 가깝고도 즐거운 곳에 있었다는 사실은 미처 깨닫지 못한 행운이었다.

예로부터 사람들은 오복五福을 누리며 사는 것을 최고의 삶이라고 말한다. 주장하는 이에 따라 내용에는 약간의 차이가 있지만 누구나 건강만은 오복에서 빼놓지 않는다. 사실 건강이 없다면 온갖 부귀와 공명을 가졌다 한들 무슨 소용이 있겠는가? 공자는 굶주리지 않을 만큼의 부富를 지니고, 건강한 몸과 마음으로, 도덕을 지키는 것을 낙으로 삼으며, 적당한 수壽를 누리다가, 편안하게 죽는 것을 오복이라고 했다.

부가 행복의 척도로 간주되는 요즘 같은 세태에서 재물이 많은 것이 복의 범주에 들지 않는다는 것은 아주 의외다. 그렇다면 벼락부자가 된 졸부나 복권에 당첨된 행운도 복은 아니라는 얘기다. 꿈같이 쏟아진 돈벼락이 어째서 복이 아니냐고 당장 반문하고 싶어진다. 그렇다면 사람들은 복이 아닌 것을 복으로 생각하고 막상 복은 복으로 생각하지 않고 산다는 말인가?

부자가 하늘나라에 들어가는 것보다 낙타가 바늘귀를 빠져나가는 것이 더 쉽다고 하는가 하면, 열 가지 재물 가진 사람은 열 가지 근심, 백 가지 재물 가진 사람은 백 가지 근심을 가진다고도 한다. 분에 넘치는 재물이나 권력으로 인해 인간성이 파괴되는 예들을 생각해 보면 역시 재물이 많은 것이 꼭 복은 아니라는 말에 수긍이 가는 바가 없지는 않다. 노력의 결과가 아닌 재물에 대해서는 치러야 할 대가가 혹독한 것이 세상 돌아가는 이치다. 굶지 않을 정도의 부에 만족하는 욕심 없는 마음이라면 세상은 공평하고 죄지을 일도 별로 없을 것 같다.

공자는 육신의 건강만을 복이라고 말하지 않는다. 몸이 건강한만치 마음도 건강해야 복이라고 말한다. 육신은 건강한데 정신이나 마음이 병든 사람도 있고, 마음은 건강한데 육신이 병든 사람도 있다. 둘 다 진정한 의미의 건강은 못 된다 하겠다. 몸과 마음이 모두 건강하기란 사실 생각처럼 그렇게 쉬운 일은 아니다. 육신이란 아무리 조심하고 보전하려 해도 필연적으로 늙고 병들게 마련이고, 마음의 건강에 따라서는 하루아침에 무너질 수도 있는 허망한 것이기도 하다. 정신적인 건강이 육체의 건강을 좌지우지한다고 해도 과언은 아니지만 대개의 경우 사람들은 정신보다는 몸에 더 신경을 쓰며 사는 것이 사실이다.

그러고 보니 문득 생각나는 사람이 있다. 이름이 꽤 알려진 퇴임행정관 한 사람이 우리 동네에 살았다. 그는 대단한 재산가인 데에다 평소에 건강을 위해 온갖 영약에 양약을 밥 먹듯 하는 사람이었다. 그러나 복용한 영약에 비해서는 그리 길어 보이지 않는 73세의 수명을 누렸다. 마지막 4년여는 질긴 목숨으로 인해 정말 죽을 고생만 한 기간이었으니 살았다고 할 수도 없는 기간이었지 싶다. 그 4년여 동안을 일곱 자녀와 가족들이 마치 게릴라전이라도 치르는 것처럼 치열한 표정으로 밤낮없이 부모 집을 드나드는 것을 보았다. 아버지가 아직 재산분배를 해주지 않아서 형제간의 분위기가 살벌하다는 소문이 파다했다. 그만하면 자녀들도 모두 상당한 수준의 재산가들인데 나중에 유산분배로 법정까지 쫓아다니면서 다투는 모습은 보기에 참 딱했다. 재산이 많은 만큼 마음도 건강했다면 얼마나 좋았을까만 그들의 마음은 재물로 인해 오히려 병들어 있었던 것이다. 굶지 않을 정도의 부가 복이라는 말에 깊은 공감이 가는 대목이다.

도덕을 지키는 것을 낙으로 삼는다는 것은 아마도 사람답게 사는 것을 이르는 말이라고 나름으로 이해해 본다. 이성을 잃지 않고 사는 사람과 주로 본능에 의존해 사는 사람과의 차이를 말하는 것이 아닐까? 인간의 가치를 존중하면서 자기본분을 잊지 않는 사람이 얻을 수 있는 덕목일 것이다. 교통신호등이 통행을 자유롭게 해주듯 도덕은 올바르고 빠른 판단으로 사람의 삶을 자유롭게 해준다. 자유로운 삶이야말로 도덕이 살아 있는 복된 삶이다. 굶주리지 않을 정도의 부에 만족하며 적당한 수를 복으로 생각하는 사람이라면 도덕을 지키는 습관쯤은 이미 일상화되어 있을 듯하다.

긴 수명이 복일 것 같지만 적당한 수라고 브레이크를 거는 것으로 보아 공자는 장수長壽라고 무조건 복으로 보지는 않는 것 같다. 만약 인간으로서의 품위나 도덕이 없다면, 짧은 수명으로 사람답게 사는 것만 못할 것이니 긴 수명이라고 무조건 복이 될 수 없다는 말은 지당하다. 자녀에게 버림받는 노년이 늘고 있는 요즘 같은 서글픈 세태에서는 또 다른 의미로 장수가 복이 되지 않을 사람이 많아질 것 같다.

적당한 수와 편안하게 죽는 것은 사실 인간의 소관이라고 보기에는 무리가 있지 않을까? 앞의 세 가지 복만 잘 지으면 자연히 따라오는 것이 나머지 두 가지의 복이라고 믿어진다. 그러니 살아 있는 동안에 자신의 힘으로 가능한 복 짓기란 실상 앞의 세 가지가 전부다. 그러고 보면 복이란 지극히 소박하고 간결한 것이라는 생각이 든다. 대부분의 사람들이 사실은 복받은 삶을 살고 있다고 생각되기도 한다.

될 법이나 한 일인지 모르겠지만, 이런 식으로 쉽게 생각을 펼쳐 보자니 귓가로만 흘려들었던 공자의 오복이 무척 편안하게 이해가 된다. 그러나 역시 재물의 많고 적음이 다른 복의 결론을 주도하기 쉬울 것이라는 속물적 우려를 떨쳐버리기는 힘들다. 공자의 오복은 아무래도 나처럼 가진 것 없는 사람이나 수긍할 것이라는 실망감이 드는 것은 역시 내 속물근성 탓일까?

강변을 걷는 것으로 운동을 삼기로 했으면 좀 더 잰걸음으로 걸어야 될 터인데 생각에 빠져 걷다 보면 나도 모르게 걸음이 느려지는 것이 불만이라면 불만이다. 그러나 무슨 걱정이랴? 물은 바라보는 것만으로도 마음속의 욕심을 씻어내고 생각을 맑혀 준다지 않는가. 강바람에 나를 맡기고 운동삼아 걷다 보면 정신과 마음은 자연히 맑아질 일이요 그에 따라 몸인들 건강해지지 않고 배기랴? 복 있는 삶이 이렇게 생각보다 쉬운 것이라면 어쩌면 나도 공자가 말하는 앞의 세 가지 복을 얻을 수 있을지도 모르겠다. 그렇게만 된다면 나머지 두 가지 복이야 떼어 놓은 당상 아닌가? 내 인생이라고 오복을 채우는 복 있는 삶이 되지 못할 바도 없다.

# 빨강이 좋지만 파랑도

버스를 내리려고 출입구의 손잡이를 잡고 서 있는데 누군가 내 어깨 뒤에서 "아주머니!" 하고 작은 소리로 불렀다. 뒤돌아 보니 전혀 안면이 없는 40대 중반의 여자가 내 뒤에 바짝 붙어 서 있었다. 그녀가 다시 작은 목소리로 말했다.

"아주머니 입고 계신 이 티셔츠 색깔이 너무 예뻐요."

"어머 그래요? 고마워요."

몸을 약간 돌려 보니 그녀는 청치마에 흰 블라우스를 입고 있었다. 그녀가 다시 속삭이듯 말했다.

"저도 이 빨간색을 무척 좋아하는데요. 이 색깔의 옷 찾기가 쉽지 않더라고요. 혹시 어느 회사 건지 아세요?"

칼라의 목 뒷부분을 만져 보이며 나도 속삭이듯 대답했다.

"글쎄요, 여기에 라벨이 붙어 있긴 하겠지만 벌써 여러 해

전에 산 것이라서요."

"그렇군요. 빨간색이 어떻게나 예쁜지 아까 아주머니가 차에 올라왔을 때부터 줄곧 눈을 떼지 못했어요."

"그렇게나 좋아 보였어요? 나만 입어서 미안하네요."

버스를 내린 우리는 서로 잘 아는 사람들처럼 다정하게 인사를 나누며 헤어졌다.

가지고 있는 여름옷 중에서 나는 이 빨간색 니트 티셔츠를 특히 좋아한다. 오늘처럼 흰 니트 스커트에 받쳐 입고 나서면 아주 기분이 좋아진다. 오늘 버스에서 만났던 여자처럼 나도 백화점에서 이 빨간색 티셔츠를 처음 만났을 때 한눈에 반해버려 눈길을 떼지 못했다. 백화점을 한 바퀴 다 돌아보아도 그 이후로는 다른 옷이나 색깔이 전혀 눈에 들어오지 않을 정도로 이 빨간색에 마음을 홀딱 빼앗겼다.

어떤 색깔을 좋아하게 되는 것은 선천적일 수도 있고 후천적일 수도 있다. 나는 기회 있을 적마다 내가 빨간색을 좋아한다는 것을 무슨 자랑처럼 말하곤 하는데 그것이 왜 자랑인지는 나도 모르는 바다. 그러니 아마도 나는 바보스러울 정도로 빨간색을 좋아하는 사람이 아닌가 싶다.

빨간색을 좋아하는 사람은 대체로 외향적이고 감정이 잘 변하는 성격을 가졌다고 하지만 내 성격이 꼭 그렇다고는 생각되지 않는다. 나는 어려서부터 유별나게 빨간색 옷을 많이 입고 자랐다. 병치레가 잦고 얼굴색이 창백했던 내게 어머니는 항상 붉은색 계통의 옷을 입히셨다. 그래서 그런지 평생을 두고 내가 가장 아름답다고 생각하는 색깔은 항상 빨강이다. 색깔 자체로는 강렬한 빨강의 순색을 좋아하지만, 분홍색이나 주홍색 또는 자주색 등 빨강의 변색들도 좋아한다. 이런 빨강의 변색들은 따뜻하고 아름답고 표현력이 풍부하며 깊은 정서를 불러일으키는 색깔이라고 평가된다.

심리학적으로 빨간색은 신경을 자극하고 불안과 긴장을 증가시킨다고 알려져 있다. 그래서 온통 빨간색으로 꾸며 놓은 방에서 얼마간을 지내면 정신병 환자가 된다는 속설이 생기기도 했다. 그러나 미국의 색채연구가인 파버 비렌(1900~1988 Faber Birren)은 자신이 몸소 실험을 해보임으로써 그 말이 전혀 근거 없는 속설이라는 것을 입증했다. 정신과 치료의 일환인 심리요법에서는 오히려 소심증이나 우울증 환자를 치료하는 데에 빨간색의 외향성을 이용한다고 한다.

빨간색을 워낙 좋아해서 그런지 나는 꿈에 빨간색을 보면 반드시 좋은 일이 생긴다는 믿음을 가지고 있다. 중요한 일을 앞두고 결과를 기다리는 시기에 빨간색 옷이나 물건을 가지는 꿈을 꾼 적이 몇 번 있었는데 그때마다 매번 좋은 결과를 보곤 했기에 가지게 된 믿음인 것 같다. 전문적인 해몽으로도 빨간색에 연관된 꿈은 길몽이라고 하니 꿈에서 보는 빨간색을 상서로운 예표로 믿는 내 생각이 그리 틀린 것은 아니지 싶다.

사람들이 어떤 특정 색을 좋아하는 것은 그 사는 지역에 따라 큰 차이가 있다고 한다. 사람의 시각이나 인식은 적도로부터 떨어진 거리에 지대한 영향을 받는다는 것이 그 이유다. 사람의 시각적 인식視覺的認識은 파장이 긴 햇빛에 적응하게 마련이고 그것이 체질화되면서 결국 어떤 특정 색을 좋아하는 심리적 현상으로 나타나게 된다는 것이다. 적도에 가까운 지역은 붉은색의 파장이 길기 때문에 사람들이 붉은색에 적응하게 되고 그 결과 따뜻하고 선명한 색 즉 빨간색 계통을 좋아하게 된다. 반대로 적도에서 먼 지역은 붉은색의 파장은 짧고 파란 색의 파장이 길기 때문에 사람들은 당연히 차고 부드러운 색 즉 파란색과 초록색 계열에 적응하며 그를 선호하게 된다.

세상에는 국적이나 인종을 불문하고 파란색을 좋아하는 사람이 가장 많으며 그 다음이 빨간색이라고 한다. 그러나 나이가 많아지면 색깔에 대한 취향도 달라진다. 그런데 그 달라지는 양상이, 평소에 파란색을 좋아하지 않던 사람이라도 대개는 파란색을 좋아하는 경향으로 바뀐다는 것이다. 사람의 눈 속에 들어 있는 안구액眼球液은 원래는 물처럼 무색이지만 나이 들수록 노르스름한 색으로 변한다고 한다. 투명성을 잃은 노란 안구액은 햇빛 중의 파란색을 많이 흡수하기 때문에 시각적 인식에는 차단된 파란색에 대한 심리적 갈망이 생기게 된다. 그에 따라 파란색을 좋아하는 성향으로 바뀐다는 것이다.

빨간색을 좋아하는 취향은 여전하지만 나이 든 증거인지 근년에는 나도 파란색이 꽤나 좋아 보인다. 요즘은 특히 청록색에 눈길이 간다. 올가을에는 시장에 나가 청록색 바탕에 야생화가 몇 송이쯤 그려진 목면이 있는지 찾아볼 생각이다. 한감 끊어다가 자작自作으로 원피스를 한 벌 짓고 남긴 천으로는 모자도 하나 만들어 파란색을 갈망하는 나의 심리적 현상을 위한 위로여행이라도 떠나리라. 여행하는 차 안에서 이번에는, 나도 그런 청록색을 좋아한다는 낯선 여인의 부러운 눈길을 만나게 될지도 모른다.

# 사람 속의 사람으로

옛말에 처갓집과 뒷간은 멀수록 좋다고 했던가? 뒷간과 처갓집을 같은 선상에 놓을만치 처가를 폄하한 것 같아 마음에 들지 않는바도 있지만 워낙 먹고 살기 힘든 시절에 생긴 말이니 이해하고 넘어갈 일이다. 말은 그렇게 했어도 속내까지 그런 것은 아니었으리라는 짐작이 가는 말이 있기도 하다. 외가를 멀리하면 인생이 잘 풀리지 않는다는 말로 한편으로는 자손들이 외가를 멀리하는 것을 경계했던 것이다.

자랄 때 우리 삼 남매에게 외가에 가는 것은 꽤나 부담스러운 일이었다. 매사에 조심스럽고 어려워서 외가는 우리에게 마냥 마음 편한 곳이 아니었다. 외할머니와 외숙모의 따뜻한 배려에도 불구하고 '외가' 라는 단어 위에는 항상 엄하고 두려운 외할아버지가 군림하고 계셨기 때문이다. 외할아버지는 워낙 엄격하셔서 식구들의 사소한 실수도 그냥 넘기는 법이 없었다. 얼마나 무섭게 역정을 내시는지 그런 때 할아버지가 사용하시던 예리한 용어와 냉엄한 표정은 지금도 가슴을 찌를 듯 생생하다.

식구들에게는 호랑이보다 무서운 할아버지였지만 당신 어머니이신 외증조할머니께는 무척 자상하셨다. 외가에는 대대로 효자가 많아서 그 흔적들이 지금도 고향에 그대로 남아 있다고 한다. 큰외삼촌 역시도 보기 드문 효자인 것을 보면 효자 집에 효자 나고 엄부嚴父밑에 효자 난다는 옛말이 틀리지 않는다 싶다.

외가는 오랜 불교 집안이고 특히 외할아버지는 불교에 대한 연구가 깊어서 이름 있는 대찰大刹에서 가끔 법문法問을 강론하시기도 했다. 할아버지에게서 가장 자주 듣던 말씀이 생각난다. 그것은 특히 아버지의 외도로 속 편할 날이 없던 나의 어머니를 향한 위로이자 질책이기도 한 가르침이었다.

부모자식이나 부부란 억겁의 인연으로도 다 풀지 못한 업보業報로 인한 만남이니 서로에게는 전생의 죄업罪業을 소멸할 의무가 있다. 이승은 그 죄업을 소멸할 수 있는 절호의 기회이니, 죄업을 소멸하지는 못할망정 더 쌓는 어리석은 짓은 말아야 한다. 자식에 대한 기대도 집착이요 남편에 대한 애증愛憎도 집착이니 제발 그 집착을 버려라. 집착을 버릴 때 진아眞我를 찾을 것이요 진아를 찾을 때 고해苦海로부터도 해탈할 것이다. 원수가 만난 인연에 그토록 집착을 끊지 못해 앙앙불락하다가 다음 생에 이 악연을 다시 만나 그 단련을 또 받고 싶으냐고 할아버지는 내 어머니를 다그치곤 하셨다.

어머니가 쉰셋의 나이에 위암 말기라는 진단을 받았을 때, 그 말을 듣는 즉시 할아버지는 내게 말씀하셨다.

"전생에 네 어미와 나는 서로 갚지 못한 죄업이 있었고 네 어미는 그 업인으로 내게 온 사람이다. 이제 네 어미가 내게 그 죄업을 갚고 떠나게 되었으니 네 어미와 나는 이것으로 인연을 다하였다. 더구나 부모 앞에 떠나는 자식은 자식이 아니라 했으니 이제 더 이상 네 어미는 내 자식이 아니다. 나와 네 할머니는 지금 이 시간부터 네 어미를 잊겠다. 이후로 이 집안에서 네 어미를 말하는 사람은 누구든 용서하지 않겠다."

나의 어머니는 윗대로 3대나 딸이 없었던 차에 태어난 따님이었다. 집안의 어른이신 어머니의 증조할머니께서 보물처럼 귀하게 키우셨다는 외딸이었다.

그 며칠 후 할아버지는 아직 사태를 잘 모르고 있던 외할머니를 멀리 있는 절로 보내 2년 남짓 계시게 했다. 어머니는 병석에서 부모님께 큰 불효임을 몹시 한탄했으며 부모님을 만나고 싶다는 말은 꺼내보지도 못했지만 보고 싶어하는 눈치까지 숨기지는 못하셨다. 외할머니가 집으로 돌아오신 것은 어머니가 돌아가신 지 이미 일 년이나 지난 뒤였다. 할아버지의 엄명이 무서워 아무도 할머니께 어머니의 죽음을 말하는 사람은 없었다. 할머니도 짐작으로만 아셨지 막상 딸의 죽음을 확인할 용기가 없어 차마 묻지도 못하셨을 것이다.

어느 날 외가에 갔더니 할머니가 혼자 집을 지키고 계셨다. 할머니는 내 얼굴을 보자마자 오열을 터뜨리며 "느 에미… 언제 갔냐?"라고 겨우 한 마디 물으셨다. 외할머니가 어머니에 대해 얘기한 것은 그때가 처음이자 마지막이었다. 감정이 북받쳐 숨이 넘어갈 듯한 할머니가 돌아가시는 줄 알고 얼마나 혼비백산했던지 다음부터는 내가 더 입조심을 했다. '그날 할머니가 잘못되시기라도 했더라면' 이라는 생각이 한참이 지나도록 가슴을 서늘하게 했고, 이후로 할머니를 절로 쫓아 보낸 인정이라고는 없어 보이던 외할아버지를 이해했다.

어머니가 돌아가셨을 때 맏이인 나는 스물여덟 살의 결혼 2년생이었고 두 남동생은 아직 모두 미혼이었다. 부모님 밑에서 큰 어려움 모르고 자란 우리 형제는 너무 지각이 없었고, 어머니께 불효한 일이 그렇게나 많았다는 것을 날이 가면서 깨달았다. 이북에서 우리 가족만 월남하여 친척이라고는 외가밖에 모르는 우리에게 어머니가 안 계신다는 사실은 보금자리를 잃고 길바닥에 나가 앉은 것과 같은 뜻이었다. 아버지는 아버지대로 우리 형제들은 형제대로 한동안 방황하며 절망적인 심정으로 서로 상처를 주곤 했다. 그런 날들이 5년이나 흐른 끝에 결국 아버지마저 세상을 뜨셨다.

우리는 나이에 어울리지 않게 무척 외로웠고 어쩌면 외할머니에게서 어머니를 추억하며 회한을 달래고 싶었을지도 모른다. 그러나 이미 어머니는 외할아버지의 딸이 아니었고 외가는 우리의 후회와 슬픔을 풀어 놓을 수 있는 곳이 아니었다. 내 어머니를 추억할 수 없는 외가가 우리에게 무슨 의미가 있는지 회의에 빠져가고 있을 즈음 남편이 사업에 실패하면서 외가에 피해를 주는 사고를 저지르고 말았다. 외삼촌 내외를 볼 낯이 없는 것은 둘째 문제고 할아버지의 역정이 너무 두려운 나머지 외가에 아예 발길을 끊고 말았다.

억겁의 죄업으로 만난다는 부부의 인연 위에 소멸은 고사하고 더 쌓아 올려놓은 내 죄업을 보면서, 그리고 어느새 머리가 다 굵어진 자식들이 제 잘난 멋에 겨운 것을 보면서 이즈음에는, 집착을 끊으라던 외할아버지의 말씀을 자주 생각한다. 광증 같은 욕망에 가려 보이지 않았던 인연에 대한 집착의 고리들이 돋보기 도수를 한참이나 올린 이제야 보일만치 나는 시력이 나쁜 눈을 가지고 있었던가 보다. 할아버지는 집착을 끊을 때 곧 진아를 찾게 된다고 말씀하셨다. 끊음과 찾음이 같은 선상에 있는 것이라면 그 수많은 집착의 고리들 속에는 분명 할아버지가 말씀하신 진아를 찾는 길도 함께 매듭지어져 있었을 것이다. 그러나 자식에 대한 집착마저 끊으며 찾아야 했던 할아버지의 진아에 대해 깊은 회의를 가지고 있었던 내게, 진아의 길이 거기에 있었다 한들 보였을 리 만무하다.

인연에 대한 집착이란 내게는 어떤 면으로는 사랑의 다른 이름이었고 살아 있음의 또 다른 표현이었다. 피붙이에 대한 집착. 그것은 머리로 끊어낸다고 가슴에서도 끊어지는 것은 아니었다. 차라리 끌어안아 함께 침몰하고 절망하는 것이 한낱 범인凡人인 나로서는 더 인간적이고 쉬웠으며 그것이 나의 한계이기도 했다. 높은 수양으로 그 한계를 뛰어넘는 사람도 있지만 그러나 그 뛰어넘는 서슬에는 상처받는 사람도 있다는 사실을 무시할 수는 없다. 집착하고 절망하며 번뇌마煩惱魔에 시달리는 것이 인연이라는 이름의 삶이라 하더라도 오히려 그 안에, 어떤 어려움에도 불구하고 끝까지 '사람 속의 사람' 으로 남고자 하는 끈질긴 열망이 있었고 나름대로의 성취도 있었다. 끊어내기보다는 안아 들여 가슴으로 용해할 때 집착은 오히려 구원과도 같은 위안이 되어 주었으며 희망으로 건너가는 디딤돌이 되어 주었다. 집착의 용해란 내게는 절망을 뛰어넘게 하는 그 무엇이었고 그것이 진아를 찾는 나름대로의 나의 길이었다고 믿는다.

외가를 멀리해서 인생이 잘 풀리지 않았는지 인생이 잘 풀리지 않아서 외가를 멀리했는지 옛말을 곱씹어 보는 심사는 늘 씁쓸하기만 하다. 할아버지와 할머니가 언제 돌아가셨는지도 모를 만큼 너무 오래된 외가와의 적조함을 메우기도 어려워, 외가는 내 마음 한 모서리의 시린 상처가 되었다. 어쩌면 또 하나의 집착으로 남게 될지도 모르지만 외가를 잊어본 적은 없다. 언젠가는 외가에 가서 할머니의 흔적을 찾아보리라. 나의 가장 큰 회한과 그리움인 내 어머니가 묻힌 곳은 어차피 외할머니의 가슴일 터이기에.

# 아기는 삶을 새롭게 한다

자녀를 많이 낳지 않는 것이 추세라 요즘은 이웃을 다 둘러보아도 아기 있는 집이 드물다. 불과 얼마 전까지만 해도 인구가 넘쳐 나니 둘만 낳아 잘 기르자고 외치던 우리였다. 그만큼 좁은 땅에 사람은 많고 살기는 힘든 것이 사실이었다. 그런데 이젠 오히려 인구 감소를 염려해야 할 상황이 되었다고 한다. 아이를 많이 낳는 것이 애국하는 길이라는 말을 우스개로만 여길 수 없을 만치 실제로 아기가 귀해진 게 눈에 보인다.

그 귀한 아기가 이번에 우리 집에서 태어났다. 환갑을 넘기고서야 첫 손녀를 보게 된 나는 이로써 명실상부한 할머니가 되었다. 큰아이가 늦은 시집을 가서 서른여섯에야 첫아이를 낳았으니 양가兩家공히 늦게 얻었기에 더욱 귀할 수밖에 없는 아기다.

웃기만 해도 신기하고 찡그리기만 해도 기특한 어여쁜 손녀를 말로 다 자랑하기에는 어휘가 부족해서 참고, 노래로 다 부르기에는 숨이 짧아 삼가는 고슴도치 할머니의 손녀 사랑이 안타깝다. 그러는 한편으로는 너무 큰 행복감이 오히려 조심스러워 두 손을 모으게도 된다. 영국 작가 찰스 디킨스(Charles John Huffam Dickens;1812-1870)의 〈어린이〉 라는 시는, 동서고금의 차이가 없는 아기사랑과 함께 요즘의 내 심정을 잘 말해 주는 듯하다.

어린이는 마음의 우상이요/ 가정의 우상이며/ 모습을 바꾼 하늘의 천사이다/ 햇빛은 어린이 머리에서 아직 잠들고/ 그 찬란한 영광은 두 눈동자에서 아직 빛나네/ 가정에서/ 하늘에서 온/ 게으름뱅이들/ 그들은 나를 씩씩하고 온유하게 만드네/ 왜 예수님이 천국을 어린이와 비유하셨는지/ 이제 나는 알았네/

삼십여 년 만에 집안에서 듣는 아기 울음소리는 봄빛처럼 화사한 생기를 느끼게 한다. 아기는 그 존재 자체로 온 집안의 축복이요 기쁨이다. 웃음이 솟아나는 낙원의 샘이요 대화가 흘러넘치는 열린 문이다. 아기의 천진한 눈동자에서 온 가족은 위로를 느끼며, 그 무한한 가능성에서 희망을 부풀린다.

두 팔을 위로 벌린 채 곤한 나비잠에 취한 아기를 가만히 들여다본다. 아기야 언제나 천사 같지만 백일 무렵의 아기는 어느 때보다도 더욱 천사 같다. 비단보다 고운 살결에 보송보송한 솜털이 보석처럼 반짝인다. 지난날 내 아이들을 키우던 시절의 기억은 간 데 없고 아기의 모든 것이 처음 보는 듯 새롭기만 하다. 오래전 '마거릿 미첼'의 장편소설 ≪바람과 함께 사라지다≫에서 '아기는 삶을 새롭게 하는 존재'라는 말이 기억에 남았는데 문득 그 말이 떠오르면서 새삼 고개가 끄덕여진다. 아기가 태어나면서 온갖 일상이 새롭게 해석되는가 하면 새로운 계획들도 끊임없이 생겨나니 과연 아기는 삶을 새롭게 해주는 존재임에 틀림없다.

내 평생에 아마도 요즘처럼 이렇게 마음과 정성을 다해 기도해 본 적은 없는 것 같다. 이해타산이나 사심 없이 누군가를 이토록 간절히 축복해준 적이 이전에는 없었다. 이처럼 즐거이 발걸음을 조심하며 목소리를 낮추고 시선을 부드럽게 가져본 일도 전에는 없었던 것만 같다. 내 아이를 키우던 시절에도 희열이 왜 없었을까만 이런 전율 같은 행복감을 느끼기에는 현실이 너무 힘겨웠을 터. 손녀야말로 내겐 분명 새로운 삶이다.

아기의 고른 숨소리에 귀를 기울이고 있자니 불현듯 지난날이 떠오르면서, 내가 외할머니가 되었다는 실감과 함께 가슴 찡한 감회가 밀려온다. 내가 큰아이를 낳은 이듬해에 친정어머니가 돌아가셔서 내 아이들은 외할머니를 모르고 자랐다. 병석에서 어머니는, 이 어린 것이 '할머니' 소리를 할 때까지 살기는 바라지도 않지만 첫 손녀를 꼭 한 번 등에 업어는 보고 싶다고 소원하셨다. 수술 후 몇 개월이 지나면서 잠시 병세가 호전하는 듯하던 시기에 어머니는 잠시나마 손녀를 업어 보셨는데 이것으로 이제 다른 소원은 없다며 무척 만족해 하셨다. 어린 손녀에게야 그런 외할머니의 사랑이 남아 있을 리 있으랴만.

큰아이가 분만실에서 한창 진통을 겪고 있을 때였다. 어머니와 달리 나는 죽지 않고 살아서 오늘 딸아이가 마음껏 "엄마-!"라고 고통을 소리쳐도 좋은 친정어머니가 되었구나 싶은 생각이 문득 들면서 자신이 그렇게 대견할 수가 없었다. 지난날 내가 작은아이를 낳던 때가 생각나서였다. 진통을 참는 것보다도 순간순간 입술을 비집고 터지려는 '엄마!'라는 비명을 참는 것이 더 힘들었던 기억. 한 번만 힘껏 '엄마!'라고 소리 칠 수만 있다면 산통이 그만 다 멈출 것만 같았다. 돌아가고 안 계신 어머니여서 부르지 못한 것은 아니었다. 아버지의 젊은 부인이 내 소리를 듣고 혹시라도 자기를 부르는 것으로 오해할까 싶은 염려를 그 와중에도 떨쳐버릴 수가 없었던 것이다. 부득부득 병원으로 따라온 그녀는 어머니 생전에는 아버지의 작은댁이었다. 큰아이의 진통 시간이 생각보다 길어진다 싶은데도 그 걱정을 잠깐씩 잊으면서 나는 혼자 마음 뿌듯해 했다. 이제 태어날 아이는 제 어미와 달리, 외할미인 나를 '할머니-'라고 부르며 자랄 수가 있겠구나 싶어서였다. 어떻게 하면 손녀에게 내 어머니의 몫까지 합한 좋은 외할머니가 되어 줄까 라는 생각까지 하느라고 나름대로는 머릿속이 꽤나 바빴던 첫 손녀를 본 날이었다.

몇 번의 실패 끝에 어렵게 얻은 아기인 만치 딸아이는 더욱 정성을 기울이고 있다. 햇살같이 화사해진 딸아이의 얼굴을 보며 문득 여자도 우화羽化하는 존재라는 생각을 해본다. 지난 세월을 벗고 모성의 모습으로 새로 태어난 딸아이가 새삼 장해 보인다. 모성의 온기가 넘쳐흐르는 집안은 온통 안도감과 여유로움에 잠겨 든다.

어머니라는 이름은 모성을 선禪하는 일이다. 아기를 위해 끊임없이 자장가를 부르고 기저귀를 갈아주면서 자비심慈悲心을 키우는 빈 마음이다. 아기를 위해 아무런 조건이나 이유 없이, 가진 능력 이상의 것을 내어주고 또 내어주는 꽉 찬 마음이다. 그 마음은 내 어머니의 어머니 그리고 또 그 어머니의 어머니로부터의 끝없이 오랜 숨결이요 영원을 흘러갈 기나긴 호흡이다. 긴 산고의 끝에 피워내는 인고의 꽃인 아기. 모든 모성을 위한 위로요 상급이며, 황홀한 지고至高의 사명, 삶을 새롭게 하는 꽃이다.

# 왕따에게는 기회를

요즈음 신조어 중에 참 마음에 안 드는 말이 하나 있다. '왕따'라는 명칭이다. 몸이 허약하거나 성격이 나약한 사람 또는 남다른 약점을 가진 사람을 주위에서 작당하여 왕따라는 이름을 붙여 주고 집중적으로 괴롭히며 따돌리는데 그런 사회현상을 왕따현상이라고 한다. 일단 왕따로 지목된 사람은 매사에 철저히 무시당하고 불이익을 받으면서 점차 그 사회로부터 낙오하게 된다. 미성년자들 사이에서도 왕따로 낙인찍힌 아이가 친구들의 핍박과 폭력을 견디다 못해 가출을 하거나 목숨을 끊는 일이 있다고 하니 놀라운 세태다.

세태로 말한다면 지금이야말로 지난 어느 때보다도 개성과 다양성이 요구되고 또 인정받는 시대다. 다양한 문화와 수많은 정보 속에서 생활의 범위와 사고의 폭은 한없이 넓어졌다.

그런데도 바로 이웃인 누군가의 남달라 보이는 점을 수용하지 못 하는 것을 보면 사람들의 마음만은 점점 더 편협해지는 것이 아닌가 싶다. 모든 생명체들이 약육강식의 법칙에서 자유로울 수 없는 것과는 달리 인간만은 유일하게 그 법칙을 뛰어넘는 존재다. 힘이 있는 사람은 있는 대로 없는 사람은 없는 대로 처지에 합당한 기회를 누리며 나름대로 성취된 삶을 만들 수 있는 존재가 사람이다. 그러기에 만물의 영장靈長이라는 이름으로 군림한다. 약자를 도태시키는 행동은 다른 동식물들이나 하는 일이지 사람이 할 짓은 아니다.

가축들이 사는 모습을 관찰해보면 약자를 도태시키는 약육강식의 비정함을 쉽게 알 수가 있다. 내가 자주 들르는 안安여사네 농원 울타리 안에는 텃세 심한 닭을 비롯한 몇 가지 가축이 함께 살고 있는데 특히 내가 좋아하는 예쁜 고양이도 여러 마리가 살고 있다. 집안에 들여놓고 기르는 것은 아니어서 고양이들은 거의 야생의 수준으로 산다.

고양이 가족은 그때그때 태어나는 새끼 수에 따라 열 마리가 넘는 대식구가 되기도 하고, 단출하게 한두 마리로 줄어들기도 한다. 수컷은 웬만치 자라면 곧 집을 떠나지만 암컷은 집에 남아 있는 기간이 길다. 적당한 시기가 되면 암컷은 다 자란 새끼 암컷들에게 삶터를 넘겨주고 어디론지 떠나버린다. 그러고 또 얼마가 지난 후에 보면 아마도 가장 힘이 있는 암컷 한두 마리만이 남아 있다. 그런 식으로 고양이들은 힘 센 자가 살아남아 세대를 교체하고 모계사회를 유지한다.

고양이는 가족끼리 싸우는 일은 별로 없다. 그만하면 평화를 즐기는 동물인데 그러나 역시 허약한 구성원은 가차 없이 따돌리고 괄시한다. 따돌림 당한 녀석은 다른 가족들이 일광욕을 즐기는 자리에 함께 앉지도 못하고 같이 먹이를 먹지도 못한다. 잠잘 때도 혼자요 놀 때도 혼자인 약자는 항상 가족들의 주위를 배회하다가 언제인지 모르게 사라져 버리고 만다.

그 가엾은 암컷이 내 눈에 뜨인 것은 한동안 쉬려고 안 여사 집에 내려갔을 때였다. 봄볕이 따스한 장독대에서 세 마리의 암고양이가 낮잠을 즐기고 있었는데 그 곁에는 꽤나 우람해 보이는 수컷 한 마리도 같이 졸고 있었다. 그들과 좀 거리를 둔 곳에 비쩍 마른 새끼 고양이 한 마리가 혼자 웅숭그리고 앉아 햇볕을 쬐고 있었다. 저 고양이가 누구의 새끼냐고 물었더니 새끼가 아니라 저 암컷들과 자매지간인데 말하자면 왕따 고양이라고 안 여사가 말했다.

그 암컷은 일곱 마리의 형제들 중 하나로 태어났는데 유일하게 작고 허약했다. 힘이 달려 어미 젖꼭지를 차지하지 못하다 보니 제대로 자라지도 못하고 가족들로부터도 소외당하는 왕따 신세가 된 것이었다. 자매들이 모두 성장해서 수컷이 찾아오는 시기가 되어도 그 왜소한 암컷만은 거들떠보는 수컷이 없었다.

사연을 듣고 보니 외톨이 왕따 고양이의 신세가 너무 딱해서 좀 도와주고 싶었다. 생선 통조림을 하나 가지고 나가 바로 앞에다 생선 토막을 던져 주었더니 정작 왕따 고양이는 화들짝 놀라며 얼른 자리를 피해버리고 다른 암컷들이 달려와 먹어버렸다. 다시 몇 번을 더 줘 보아도 번번이 다른 녀석들 좋은 일만 시킬 뿐 왕따는 감히 먹을 염을 내지 못했다. 마음 먹고 따라 다니며 "나비야 나비야" 부르기를 한참이나 한 끝에 겨우 생선 한 토막을 먹일 수가 있었다. 허겁지겁 먹으면서, 내가 들고 있는 막대기가 무서워 멀찍이서 빙빙 돌고 있는 다른 녀석들의 눈치를 어찌나 살피던지.

하루에 두 번씩 그런 식으로 날마다 왕따에게만 먹이를 챙겨 주었다. 사오 일이 지나자 녀석의 몸이 달라 보이기 시작했다. 앙상한 갈비뼈 사이의 골이 없어지면서 등에 붙었던 뱃가죽에도 여유가 생기는 듯했고 마른 지푸라기 같던 털에도 윤기가 도는 듯했다.

그런데 무엇보다도 큰 변화가 한 가지 있었으니 그것은 왕따 암컷을 대하는 수컷의 태도였다. 왕따에게 먹을 것을 주거나 말거나 포기하고 나타나지 않는 암컷들과 달리 수컷은 왕따에게 먹이를 줄 때면 근처를 어슬렁거리며 떠나지를 못했다. 주위를 맴돌며 왕따 암컷이 먹는 것을 부러운 듯이 바라보는 것이었다. 그럴 때마다 수컷을 향해 일렀다.

"먹고 싶지? 너도 이것 먹고 싶지? 너 애랑 잘 지내. 그러면 너도 이 고기 줄게."

그러다가 수컷에게도 한 조각씩 먹을 것을 주기 시작했다. 그러자 수컷은 이제 다른 암컷들 곁에는 가지도 않고 아예 왕따 곁에 붙어 같이 햇볕을 쪼이고 털을 핥아주었다. 그러면서 왕따에게 주는 먹이를 옆에서 같이 얻어먹곤 했다. 이전에는 왕따 암컷에게 시선 한 번 던져본 적이 없던 수컷이었다. 먹을 것 하나에 그토록 약한 녀석의 단순한 태도가 어찌나 치사하고도 고맙던지. 서울로 돌아오면서 안 여사에게 단단히 부탁을 해두었다. 아직 얼마간은 더 왕따에게 하루에 두 번씩 생선 통조림을 먹게 해주라고.

그해 초가을 다시 안 여사 집을 방문했을 때, 장독대 옆 양지바른 곳에 낯선 암고양이 한 마리가 느긋하게 누워 햇볕을 쬐고 있었다. 그 옆에서 네 마리의 새끼고양이들이 장난질에 한창이었다. 역시 낯선 수고양이 한 마리가 농원을 시찰하며 돌아다니는 것도 보였다. 낯선 암고양이는 체구가 좀 작기는 하지만 이젠 어엿한 어미가 된 전의 왕따 암컷이었고, 낯선 수컷은 전의 수컷을 젖히고 그곳 고양이 사회를 평정한 새 수컷이었다. 왕따가 주인의 굄을 받는 것을 보자 다른 암컷들은 모두 뿔뿔이 가출해버리고 왕따가 혼자 그 너른 농원을 차지하고 살게 되었던 것이다.

어쩌면 나는 고양이 세계에 간섭하여 생존의 법칙을 거스르는 주제넘은 짓을 했는지도 모른다. 그러나 왕따 암컷의 새끼들을 보면서 그리고 그 새끼들이 건강하게 잘 자라 훌륭히 세

대교체를 이루는 것을 보면서, 내 간섭이 꼭 잘못된 것만은 아니라고 자위해 본다. 관심과 기회만 주어진다면 고양이 같은 미물도 제 몫을 다하며 살 수가 있는데 사람이야 말해 무엇하랴? 왕따에게야 말로 관심과 기회가 필요하다.

# 은주의 경사

부드러운 벽돌색이 주위의 녹음과 잘 어우러진 양지바른 집. 두 명의 수녀님이 심장병을 앓는 열댓 명의 남녀 아이들을 데리고 바쁜 살림을 꾸려가고 있는 중증환자 요양원이다. 아이들은 대개가 두세 번씩 심장 수술을 받은 경험을 가지고 있다. 더 이상의 수술이 불가능한 몸인 데에다 달리 치료 방법도 없는 현실에서 이들은 모두 새로운 의술이 개발되기만을 고대하면서 산다. 어쩌다 하루쯤 컨디션이 좋은 날을 제외하고는 아이들은 항상 눈언저리와 손가락 끝이 잉크를 발라놓은 것처럼 파랗다. 심한 심장병 환자의 특징이다.

예측도 할 수 없는 시간에 갑자기 증세가 나빠져서 더 이상 손 쓸 수 없는 경우가 자주 생기므로 요양원에는 항상 명주실 같은 긴장감이 감돈다. 그래도 아이들의 목소리는 밝고 표정은 평화롭다. 지금 당장은 완치될 수 없다 하더라도 기다리면 언젠가는 꼭 확실한 치료법이 나온다는 수녀님의 확신에 찬 믿음이 아이들의 생명줄을 붙잡고 있다. 그때를 대비해서 할 수 있는 한 열심히 공부도 하면서 명랑하게 사는 요양원 식구들을 보면 천국이 따로 없다는 생각이 든다. 여느 아이들처럼 학교에 다닐 수는 없지만 자원 봉사자들이 도와주는 덕에 초등학교 과정과 몇 과목의 중학교 과정을 익힐 수 있는 것을 모두 고마워한다.

가끔은 아이들의 어머니나 가족이 오기도 한다. 그런 날은 어머니를 기다리는 아이들의 마음과 표정이 어찌나 똑같은지 얼굴만 봐서는 오늘 누구의 어머니가 오는지 알 수가 없다. 아이를 보고 돌아가는 어머니들의 애잔한 표정도 모두가 하나같이 비슷하다. 다음에 면회 올 때까지 아이가 살아 있을지는 아무도 장담할 수 없다. 돌아가는 어머니를 전송하는 아이의 호흡에서는 끊어질 듯 가녀린 휘파람소리가 난다. 조금이라도 흥분하면 아이들은 숨이 가빠지기 때문에 급하게 몰아쉬는 숨소리에서 쇳소리가 나는 것이다. 아이의 괴로운 숨을 진정시키기 위해서라도 바쁜 걸음을 옮기며 뒤돌아보는 어머니는 가슴에 서린 차마 못할 아픔을 발자국마다 묻으며 간다.

가족이 찾아올 형편이 못 되는 아이들도 있다. 그런 아이는 병세가 심하지 않은 때를 골라 며칠쯤 집에 갔다 오기도 한다. 그러나 그런 아이들치고 대개는 기대를 안고 갈 때와는 달리 예정한 날짜도 다 못 채우고 돌아오기 일쑤다. 아이는 눈언저리와 손끝이 더 새파랗게 되어 숨을 할딱이며 돌아온다. 가난한 살림이라 집에 남아 아이를 돌보아줄 가족이 없는 집도 있지만 대개는 신세 한탄으로 아이를 괴롭히는 아버지 때문인 경우가 많다. 가난해서 잘 돌보지는 못하더라도 아이가 살아 있는 날까지는 최선을 다하려고 노력하는 어머니에 비해 부정父情은 비정하기가 예사다. 저녁마다 만취해 들어와서 차라리 죽어 없어지기를 강요하는 아버지를 피해 아이는 약속보다 더 일찍 더 가빠진 숨을 몰아쉬며 요양원으로 돌아온다. 경제적인 이유는 물론이지만 그런 아버지가 있는 집에서 심장병을 앓는 아이가 죽어가고 있다는 말을 들으면 수녀님은 열 일 젖혀놓고 달려가서 아이를 맡아온다.

그래도 일단 요양원에 맡겨진 아이들은 생각보다 훨씬 오래 견디며 기적같이 살아내고 있다. 얼마 살지 못하리라고 했지만 스무 살이 가깝도록 아슬아슬 견디고 있는 아이도 있다. 어떻게든 살아만 준다면 꼭 완쾌할 수 있는 날이 온다고 말하는 수녀님의 믿음을 대할 때마다 세속의 사사로운 욕심으로 부풀어 있는 내 욕망의 풍선에서는 바람 빠지는 소리가 난다.

언젠가 방문 때였다. 들어서자마자 수녀님이 "저 잠깐만 좀 보실까요?" 하며 무언지 은밀한 비밀이라도 있는 듯한 얼굴로 나를 밖으로 데리고 나가더니 속삭였다. "우리 집에 경사가 있었답니다. 지난달에 글쎄 은주가 초경을 했지 뭐예요?" 은주는 아이들 중 유일하게 스무 살을 넘겼고 심장 수술을 세 번이나 받은 아이이니 보통 경사가 아니었다. "아유! 그래요?" 수녀님의 기쁨이 순식간에 불길처럼 확- 내 얼굴에도 옮겨 붙었다. 돌아보니 은주가 문 뒤에서 부끄러워 발개진 얼굴로 내다보고 있었다. 이번에도 틀림없이 수녀님이 자기 일을 자랑하고 있다는 것을 짐작하고 있는 표정이었다. 5월의 햇빛 아래 배시시 웃으며 문 뒤로 숨는 은주의 붉어진 두 볼이 보석같이 고왔다.

요양원에서는 중학교 과정이나마 마치게 되거나 주민등록증을 발부받거나 또는 은주처럼 초경을 할 때까지 생존하는 경우가 드물다. 그래서 그런 경사가 생기기라도 하면 수녀님은 여러 달이 지나도록 "혹시 지난번에 제가 말씀 드렸던가요?" 하면서 그 자랑스러움을 쉬 사그라뜨리지 못한다.

언뜻 보면 아무런 활동도 생기도 없을 것 같은 아이들이다. 그러나 조금만 가까이 가서 들여다보면 아이들의 눈빛에서 역동하는 생명의 힘을 발견할 수가 있다. 적극적이고도 미래지향적인 삶의 의지가 물결처럼 일렁이는 아이들의 눈은 생명의 가치와 생존의 의미를 생각하게 한다. 풀꽃처럼 가녀린 아이들이 감당하고 있는 삶의 몫이 누구에도 못지않을 만큼 크고 귀한 것이다.

날마다 기적을 이루며 사는 천사들에게서 생명의 물과 영혼의 정화를 얻으려고 오늘도 요양원으로 발길을 재촉한다. 하마나 오늘은 새로운 심장병 치료법이 나왔다는 소식이 기다리고 있지나 않을까 기대하면서. (1999)

인도의 시간

한잔의 따뜻한 차로

더하기의 삶

비, 비비

무인도로 떠나보기

세모시 옥색 치마

여왕 호사를 부리다

쥐뿔도 모르면서 아는 체는

# 인도의 시간

신기한 문물을 살피며 외국여행을 많이 하는 이들을 보면 참 부러운 마음이 든다. 외국을 여행하는 데에는 그만한 재력은 물론이지만 그에 상당한 건강도 따라 주어야 할 것이다. 재력은 고사하고 건강 하나도 제대로 건사하지 못하는 나로서는 그들의 행보가 부럽지 않을 수 없다. 나는 특히 인도에 한번 가보고 싶다. 소도 많고 거지도 많고, 성자聖者도 많고 신神도 많다는 인도에 가면 어쩐지 피안의 세계로 통하는 길목을 만나게 될 것 같은 생각이 든다.

근래에 류시화 시인의 ≪인도 여행기≫를 흥미롭게 읽었다. 저자가 인도를 여행하던 중 만난 거지에게 몇 푼을 줄까 망설이다가 그 거지로부터 "크게 포기하면 크게 얻는다."라는 충고를 들었다는 고백은 정말 기막힌 아이러니다. 인도의 거지는 당당하게 동냥을 요구하며 적선을 베풀어 주어도 결코 고맙다고 말하지 않는다고 한다. 얼른 듣기에는 실소를 금할 수가 없는 인도의 매력에 사로잡혀 발길을 계속하는 시인의 마음 역시 내게는 매력적으로 보인다. 인도를 여행한 사람들의 글을 읽다보면, 인도의 거지는 원래 철학자였든지 아니면 결국 철학자가 되든지 둘 중의 하나일 것이라는 실없는 생각이 들 때도 있다.

인도에서 봉사활동을 했던 어떤 이의 얘기를 읽은 적이 있다. 그가 귀국하기 바로 얼마 전에 직접 목격한 사실이었다. 한 초등학교 여학생이 학교에서 수도꼭지를 열어 물을 받아 마시다가 교사의 눈에 띄어 얼마나 심히 맞았던지 한쪽 눈을 실명하게 되었다는 것이다. 그 아이는 신분계급에도 들어가지 않는 불가촉천민이었다. 불가촉천민은 다른 계급 사람들이 이용하는 우물이나 수도에서 직접 물을 떠서 마셔서는 안 된다. 그들은 아무리 목이 마르더라도 다른 계급의 누군가가 물을 마시러 나올 때까지 기다려야 한다. 그 사람이 물을 마실 때 넘쳐서 흘러내리는 물을 밑에서 받아 마셔야 한다.

힌두교의 교리에 의하면 불가촉천민은 전생에 지은 죄가 너무 커서 그렇게 태어난다고 한다. 그들은 태어날 때부터 부정해서 접촉하는 것만으로도 다른 사람에게 부정과 죄를 옮긴다고 믿는다. 전생의 악업을 보속하고 내세에 좀 더 높은 신분으로 태어나기 위해 그들에게는 현세에서의 비천한 삶의 과정이 꼭 필요하다. 그러니 소녀가 눈이 멀게 되었다 해도 그 처지를 동정하거나 공분公憤을 느낄 필요는 없다. 그런 행동은 오히려 소녀에게서 다음 생을 준비할 수 있는 기회를 빼앗는 일이 된다. 그러니까 실명이 되도록 매질을 한 선생은 그 소녀가 자신의 악업을 씻을 수 있도록 도와준 고마운 사람이라는 것이다.

불가촉천민에게는 신분은 물론이지만 가난조차도 당연히 받아들여야 할 업보다. 그 신분과 가난은 결코 뛰어넘을 수 없고 뛰어넘어서도 안 되는 신이 정해준 운명이니 그들의 희망은 항상 다음 생에 있다. 일단 현실을 체념하고 나면 세상사란 아무 희망이나 가치를 둘 만한 것이 못 되리라는 짐작이 간다. 인도의 성자가 모두 불가촉천민이라고 생각하는 것은 아니지만, 인도에 성자가 많은 이유를 알 것 같기도 하다.

인도에는 현재 2억 명이 넘는 불가촉천민이 살고 있다고 한다. 그들은 힌두교의 가르침에 승복하며 순응해 살아왔고 그 결과 3천5백여 년이 지난 지금도 여전히 참담한 삶을 살고 있다. 그들은 지독히 가난하지만 세속적인 욕망이 없어서 마음은 아주 순수하다고 한다. 당연히 부자들만큼 죄짓지 않고 산다. 그런데도 3천5백 년 전이나 지금이나 변함없이 형벌 같은 삶을 산다는 사실을 그들은 어떻게 생각하고 있을까? 찰나도 쉬지 않고 흐르는 역사의 시간이 그들에게만은 멈추어 있는 것일까? 그럼에도 국민들이 느끼는 행복지수가 가장 높은 나라가 인도라 하니 역시 인도는 불가사의의 나라다. 그 행복지

수가 산출되는 근거는 아마도 그들에게만 존재하는, 정지된 인도의 시간일 것이다.

불가촉천민이란 원래 통치자에 의해 조작되고 강요된 사회적 불평등 제도다. 통치자의 편의를 위해 악의적으로 계획된 인간비하人間卑下였을 뿐 원래 그들의 운명은 아니었다. 힌두교의 가르침대로라면 그들의 악한 현실은 신의 탓이라는 말밖에 더 되는가? 인간의 악은 인간의 탓이지 결코 신의 탓은 아니다. 자비의 대명사가 신인데, 신이 그런 신분제도를 인간에게 강요할 리가 있겠는가? 선행을 베푸는 것으로 자신의 악업을 씻는다는 힌두교의 교리대로라면 가진 자는 못 가진 자에게 당연히 주어야 하고 얻은 자는 감사할 필요가 없다. 그렇다면 빈부의 차이는 저절로 없어질 것 같은데도 그렇지는 않다. 그들은 그런 사실조차도 신의 뜻으로 받아들여 살고 있는 것 같다.

지금은 다 잊혀진 일이지만 어렸을 때 우리들 사이에서는, 건넛마을의 어느 골짜기에는 절대 발을 들여놓지 않는 것이 불문율처럼 지켜지고 있었다. 그 골짜기는 예부터 백정이라는 신분의 사람들이 모여 살고 있는 곳이었다. 힌두교의 사상과도 비슷해 보이는 인식이 우리의 관습 속에도 한 자리를 차지하고 있었다.

불교 집안에서 자란 나는, 현세의 모든 고통은 당연한 업보이니 잘 참아 받아 다음의 생을 예비해야 한다는 말을 자주 들었다. 그런데 나는 그런 말을 들을 때마다 알 수 없는 반감 같은 것이 느껴지곤 해서 그 말에 승복할 마음을 가져본 적은 없다. 지금도 나는 불행에 처해 있는 사람에게 "그것은 네가 쌓은 전생의 업보요 네 팔자이니 무조건 참아 받아야 한다."고 말하는 사람을 볼 때면 어쩐지 그에게 적개심 같은 것이 생기곤 한다. 그렇게 말하는 사람치고 모두가 기득권자나 가진 자라는 생각이 들어서다. 여러 사람의 안전과 평화가 보장된다 하더라도 그것이 누군가의 희생 위에 세워진 것이라면 그것을 참된 평화라 할 수는 없다. '조용한 것이 평화로운 것'이라는 허울 좋은 이름 밑에 또 다른 불가촉천민이 신음소리를 죽이고 있는 것에 불과하다. 일본에서도 역시 백정의 신분인 부라쿠민들이 지금까지도 그 비슷한 삶을 살고 있다 하니 그에 비한다면 우리의 선진적인 민주의식이 새삼 자랑스럽게 여겨진다.

유럽의 정복자 마케도니아의 알렉산더는 대철학자 아리스토텔레스의 제자이기도 했다. 인도를 정복한(B.C.331) 알렉산더는 여생을 인도에서 보내기로 작정했다고 한다. 그런데 웬일인지 그는 인도에 머무른 지 이태도 못 되어 도망치듯 인도를 떠났다. 그 후 그는 바빌론에서 알코올 중독자가 되어 생을 마쳤다. 역사가들 중에는 위대한 알렉산더를 파멸로 이끈 것은 바로 인도였다고 주장하는 이도 있다. 시간이 멈춘 나라 인도에서 알렉산더는 과연 무엇을 보았던 것일까?

언젠가 인도를 여행할 기회가 있다면, 불가촉천민 특히 그 여인들의 깊은 눈동자에서 흐르지 않는 인도의 시간을 찾아보리라. 알렉산더를 절망하게 했을지도 모를 그 선험적이고도 철학적인 눈길에 사로잡혀, 피안의 세계로 통하는 길목을 만나게 될지도 모른다. (2001)

# 한잔의 따뜻한 차로

말의 본질이나 가치에 대해 특별한 지식을 가진 것은 아니지만 가끔은 말이 주는 편리함과 자유로움에 대해 생각하는 때가 있다. 외국어 실력이 없는 나로서는 특히 외국에 갔을 때 그런 생각을 하게 된다. 주위에 나와 동일한 언어를 사용하는 사람이 전혀 없다면 답답하기에 앞서 얼마나 두려울까라는 생각을 해보기도 한다.

인간이 공동체를 이루고 살 수 있는 가장 기본적인 조건은 공통언어의 사용이다. 서로 말이 통하지 않는 사회에서는 정상적인 사고思考는 물론이고 조화로운 인간관계의 형성도 기대할 수 없을 것이다. 인류의 온갖 물질적 정신적 문화가 모두 말의 소산이라고 해도 과언은 아니리라. 그러나 말이 우리의 삶을 얼마나 자유롭고 편리하게 해주는가에 대해서는, 공기의 가치를 잊고 살듯 평시에는 잊고 산다.

기록상으로 가장 먼저 말의 가치를 인정한 것은 아마도 성서가 아닐까 싶다. 그 오랜 옛날에 성서는 이미 이 세상 만물이 모두 하느님의 말씀에서 생겨났다고 말한다. 말을 최고의 가치 중 하나로 인정한 것이다. 아직 과학이라는 개념조차 가지지 못했던 고대 히브리인들의 직설적 서술에 과학적 시비를 걸 필요는 없다. 하느님의 말에는 하느님의 의지意志가 담겨 있을 터이니 세상 만물이 하느님의 의지대로 만들어졌다는 뜻으로 이해하면 그만이다. 지극한 두려움과 경외심의 대상이었을 세상을, 단지 말로 만들었다고 표현할 만치 옛사람들은 말을 크고 소중하게 생각했던 것 같다. 소중하게 생각하는 만큼 일단 발설한 말에 대해서는 목숨을 걸고 책임을 졌으니 그들에게 있어서 말은 거의 생명의 차원이었다. 현대인들이 사용하는 온갖 비속어卑俗語와 예사로운 거짓말을 그들은 상상이나 할 수 있었을까?

말에 그 사람의 뜻과 의지가 담겨 있다면 말은 곧 그 사람 자체다. 어린아이의 말에는 어린아이의 인격이 담겨 있고 품위 있는 사람의 말에는 그의 품위만큼의 인격이 담겨 있다. 아무런 뜻도 인격도 담겨 있지 않다면 그것은 말이 아니라 소리다. 말을 주고받는다는 것은 서로의 인격 자체를 주고받는 행위다. 말을 너무 많이 하고 나면 무언가 잃어버린 듯이 허전한 감이 드는 것을 나는 기운이 빠졌다는 물리적 이유보다는 그만큼 내 인격 즉 나를 많이 내주었기 때문이라고 생각한다. 반대로 남의 말을 많이 듣고 나면 어쩐지 마음이 푸짐하고 든든한데 그만큼 내 안에 남을 많이 받아들였기 때문이라고 생각한다.

언젠가 프랑스에 살고 있는 친구네 집에서 그 식구들과 함께 여름을 지냈다. 그 남편이 프랑스인이라 친구를 제외한 다른 가족과는 말이 통하지 않았다. 그 집 아이들은 내가 불어는 고사하고 영어도 안 되는 것을 나보다도 더 답답해했다. 자기네 집을 스쳐간 손님들 중에서 영어를 통 못하는 사람은 별로 본 적이 없는 까닭이었다. 시선이 마주칠 때마다 서로 빙긋 웃어주는 것이 고작이었으니 세상에 그런 싱거운 노릇은 다시 없을 일이었다.

지금도 늦지 않았으니 와서 프랑스어를 배워보라는 친구의 말은, 내가 이 나이에 간단한 의사소통이나마 정말 프랑스어를 배울 수 있으리라고 믿어서 하는 말은 아닐 것이다. 같이 있는 동안에 내가 몇 마디나 프랑스 말을 외웠는지 뻔히 아는 친구가, 내 기억력의 한계와 한심한 소질을 위로하느라고 하는 말이라 생각된다. 젊어서도 못 배운 외국어를 이 나이에 새삼 무리하게 욕심을 내고 싶지는 않다. 그보다는 혹시라도 내 말에서 스며 나오는 인격이 나를 부끄럽게 하지나 않는지 살펴보는 것이 더 쉽고 긴요한 일이다.

내게는 나이 들면서 자신도 이해할 수 없는 이상한 버릇이 하나 생겼다. 버릇이라기보다는 그것이야말로 평소에 연마하지 못한 내 인격이 말을 통해 드러나는 현장이라고 말하는 것이 옳다. 특별히 먹은 마음이 있는 것도 아닌데 공연히 말을 잘못해서 상대의 먹은 마음에 부딪쳐 나가떨어지는 일이 생기곤 하는 것이다. 안 해도 좋은 말을 불쑥 해버리거나 하지 말아야 할 말을 덜컥 해놓고 뒷수습에 애를 먹기도 한다. 젊어서는 그런 실수를 한 기억이 없는데 나이 먹으면서 몸과 마음의 긴장감이 느슨해진 탓일까? 아니면 소위 말하는 늙은이 주책이라는 검버섯이 별수없이 내게도 침착된 탓일까? 나이 들면 까다로운 성격도 좀 원만해지리라 믿었건만 오히려 더 모가 난 성격으로 바뀌더란 말인가? 그런 때 내뱉는 내 말은 분명 말이 아닌 소리이며 상흔을 남기는 무기가 되었을지도 모른다.

겉모습으로는 더러 나를 과장하고 미화할 수도 있지만 말은 숨길 수 없이 나를 대표한다. 그러니 말을 가리켜 인격이 살고 있는 존재의 집이라 하지 않던가. 주로 위장이라는 무늬로 치장되는 육신의 집에는 거짓이나 부족한 인격쯤 얼마든지 감추어 둘 수가 있다. 그러나 말은 내 인격의 실상이 가감 없이 투영되어 나타나는 투명한 집이라 약점을 감추어 둘 만한 여지가 전혀 없다. 내 존재의 집에 따뜻한 마음과 애정 있는 관심을 그리고 말과 소리를 구별하는 지혜를 얼마나 키워 놓았는지 들여다보기가 새삼 두렵다.

생각 없이 튀어나간 말이 아닌 내 소리가 누구의 가슴에 상처가 되어 얼어붙어 있는지 되짚어 보기에 이제라도 늦지는 않았을 것이다. 그 상처들을 잘 알아볼 수 있도록 내 존재의 집 유리창일랑 깨끗이 닦고, 창가에 앉아 향기 은은한 차를 끓이며 유심히 창밖을 내다보아야겠다. 내 소리에 상처받아 마음이 통하지 않는 누군가가 내 존재의 집 창밖을 지나쳐 갈지도 모른다. 그를 맞아들여 한잔의 따뜻한 차로 용서를 구하며 위로를 대접하고 싶다. 찻잔의 따스함이 손바닥에 전해 올 때 우리는 서로 말이 통할 것이다. (2005)

# 더하기의 삶

계산기를 처음으로 샀을 때였다. 어찌나 신기하던지 놀이삼아 숫자 1부터 10까지를 더하기도 하고 곱하기도 하면서 한참을 만져보았다. 1부터 10까지를 더해 합 55를 확인하는 계산은 초등학교 시절에 주산으로 놀이삼아 많이 해본 짓이었다. 계산기를 시험해 볼 겸 1부터 10까지를 더하기가 아니라 곱하기로 해보았다. 순식간에 합을 내는 계산기의 능력도 놀라웠지만 그 합이 무려 3,628,800이나 된다는 사실에 더 놀랐다. 똑같은 숫자 10개를 가지고 그토록 큰 차이를 만들어내는 곱하기의 힘에 순간 어떤 두려움 같은 것이 느껴졌다.

어제는 사소한 액수지만 항목이 여럿인 계산을 할 일이 있어 오랜만에 계산기를 꺼냈다. 거의 모두가 더하기이고 약간의 빼기가 붙어 있는 단순한 계산이었다. 한참을 두고 백여 번을 더해도 계산기는 지체 없이 그 합을 내주었다. 비슷한 일을 계속하다 보니 좀 지겹기도 하고 슬며시 장난기도 생겨서 더해야 할 숫자를 몇 번 곱해 보았다. 그런데 곱하기 몇 번 만에 계산기는 그만 숫자판을 멈추고 말았다. 숫자가 너무 높아 더 이상 수용할 수 없는 것이었다. 더하기와 달리 몇 번만 곱해도 엄청나게 불어나는 곱하기의 힘에 이번에도 역시 두려움이 느껴졌다.

그런데 잠깐 사이에 무섭도록 불어나는 힘을 가진 그 곱하기에는 아주 감쪽 같은 변수가 하나 있다. 곱하기가 아무리 엄청나게 불려 놓은 숫자라도 단 한순간에 없애버리고 마는 그 변수는 바로 '0(零)'이다. 계산기도 감당해내지 못할 만큼 엄청난 위력을 가진 곱하기지만 0 앞에서는 전혀 힘을 쓰지 못한다. 곱하기가 제아무리 엄청나게 쌓아 올려놓은 숫자라도 단 한 번 0을 곱해 주는 것만으로 그 숫자는 흔적도 없이 사라져 버리고 만다. 곱하기에게 0은 마치 마술 같다.

그런데 곱하기 앞에서 그토록 무서운 힘을 발휘하는 0에게도 역시 변수는 있다. 0은 더하기 앞에서는 통 맥을 추지 못한다. 큰 숫자든 작은 숫자든 어떤 숫자에다 더해도 0은 그 숫자에 그대로 스며들어 흔적도 없이 사라져 버리고 만다. 곱하기의 맹점이 0이라면 0의 맹점은 더하기라고나 할까? 더하기에게 0은 마치 공기 같다.

마술 같은 '곱하기 0'과 공기 같은 '더하기 0', 부풀어 오르는

'욕망의 0'과 겸손하게 스며드는 '절제의 0'. 0이 가진 심히 상반된 두 얼굴이다. 사람들은 일상적으로 어느 얼굴의 0에 더 매력을 느낄까? 마술이 없이는 살아도 공기가 없이는 한 시도 살 수 없지만, 사람들은 대개 공기 같은 더하기보다는 마술 같은 곱하기에 더 관심이 있는 듯하다.

연구직 공무원이었던 남편은 결혼 전부터 자그마하게 개인 사업체를 하나 가지고 있었다. 자신의 연구테마와 연관된 사업이어서인지 생각보다 일이 잘 되자 남편은 공무원 생활을 접었다. 사업에 전념하게 되면서 남편은 처음의 더하기 운영 방식을 버리고 곱하기의 길로 전환했다. 투자는 비록 더하기로 할망정 수확은 열 배 스무 배의 곱하기로 돌아와 줄 것을 굳게 믿으면서.

그러나 끝없이 팽창하는 곱하기의 위력은 남편의 힘에 좌지우지되는 만만한 줄넘기가 아니었다. 곱하기의 힘만 믿고 방만하게 팽창시킨 사업이 곧 터질 듯이 위태해 보여도, 까짓것 곱하기 한 두 번이면 다 해결된다는 믿음을 남편은 끝내 버리지 못했다. 계산기가 숫자판을 멈추듯, 한계를 벗어난 사업이 천둥소리를 내며 멈춘 것은 어쩌면 당연지사였다.

곱하기의 환상을 끝내준 것은 결국 '곱하기 0'이라는 절제되지 않는 욕망이었다. '욕망×0' 앞에는 더 이상 아무 숫자도 남아 있지 않았다. 꼭대기가 보이지 않게 높이 쌓아올린 곱하기의 탑이 과연 존재하기는 했던지 믿어지지 않는 환상이요 두려운 꿈이었다.

삽시간에 불어나 통제 불능으로 치닫는 곱하기는, 크고 높은 만치 그 그늘이 워낙 짙어서 여간 잘못된 부분이 있어도 얼른 눈에 띄지 않는다. 결국 일이 틀어질 대로 다 틀어진 다음에야, 되돌리기에는 너무 늦어버린 현실 앞에서 경악하는 것이 곱하기의 약점이다.

그러나 더하기는 곱하기와는 사뭇 다르다. 결코 한계를 벗어나는 일이 없는 더하기는 속내가 투명해서 작은 잘못이라도 생기면 곧 눈에 띄게 마련이다. 그런 만큼 잘못의 원인을 찾아내기가 쉽고 시기를 놓치기 전에 바로잡기도 쉽다. 결코 욕심으로 부풀리지 않는 정직한 더하기는 마음이 가난하고 겸손한 안분지족安分知足의 덕德이라도 가진 듯하다.

나는 상용하는 식품이나 일용품의 값을 기억하는 것이 별로 없을 정도로 숫자 외우기를 못한다. 학교 때도 제일 싫은 과목이 체육 다음으로 수학이었다. 숫자만 보면 일단 겁부터 나고 없던 두통까지 생기려고 한다. 아마도 내 두뇌는 숫자를 담아두기로는 영 적합하지 않게 생긴 듯하다. 그런 약점으로 인해 물질적 손해를 보거나 맹한 사람 취급을 받는 적도 드물지 않지만, 숫자 따지느라 골머리를 앓느니 차라리 그런 수모쯤 감수하겠다는 배짱으로 버티고 사는 바다.

그런 내게 곱하기는 다가가기 두려운 공포의 기호다. 그에 반해 더하기는 어쩐지 믿음성이 있고 편안해서 접근하기가 쉽다. 한판승 같은 곱하기의 도전과 스릴이 남편에게는 후회 없이 벌인 한바탕 숫자잔치였는지 모르지만 내게는 고소공포증에 시달린 아슬아슬한 줄타기였다. 곱하기의 탑이 무너지면서 굴러떨어져 다시 돌아온 더하기의 삶이 내게는 지난 어느 때보다도 편안하고 건강하게 여겨진다. 오랜 방황을 끝내고 돌아온 탕자가 비로소 찾아든 옛집 같기만 하다.

0의 생김새를 가만히 들여다보자니 마치 '너의 한계인 이 동그라미를 벗어나지 마라.' 라고 경고하는 듯하다. 0이 일깨워주는 나의 동그라미 안에서의 행복과 자유에 만족한다. 언젠가 이 세상을 떠날 때 깨끗한 빈손을 툭툭 털고 홀가분하게 같이 나서줄 미더운 더하기의 손을 이젠 놓치지 않으리라.

# 비, 비 비

가을비가 내린다. 말 그대로 주룩주룩 내리는 주룩비다. 오늘처럼 음력 보름께를 전후해서 오는 비나 눈을 옛사람들은 보름치라고 불렀다. 그에 비해 음력 그믐께를 전후해서 오는 비나 눈은 그믐치라고 한다. 오늘의 보름치는 빗줄기 하나하나가 확연하게 구별되어 보이는 꽤나 굵은 발비여서 그동안의 가뭄을 다 씻어 주겠다.

농경민족인 우리의 옛사람들은 비를 참으로 자상하게도 관찰하며 살았던 것 같다. 비에 붙여준 수많은 이름을 보면 감탄하지 않을 수 없다. 시기와 양상에 따라 붙여진 이름들이 하나같이 재치 있고 재미도 있는데, 특히 농사와 연관된 비 이름은 참 정겹고 공감이 간다. 농사절기에 맞추어 적절하게 내리는 비에는 꿀비라는 달디 단 이름이 붙어 있다. 논에 모를 낼 즈음에 맞추어 한몫 내려주는 목비나, 모를 다 낼 만큼 흡족하게 내리는 못비는 모두 꿀비다.

사실 오늘 이 글은, 시골에서 농사를 짓고 있는 남동생의 전화를 받고 나서 시작하게 되었다. 거기도 비가 오느냐 했더니 동생은 그렇다고 하면서 단비가 내린다고 했다. 가을 가뭄이 이에서 더 계속되면 내년 갈보리 수확을 포기해야 할 판이었는데 마침 이렇게 꼭 필요한 때에 내려주니 단비라고 말하는 동생의 어조가 푸근하게 느껴졌다. 가뭄에 말라버릴 뻔한 연약한 보리종자들에게는 오늘의 비가 참말 약비로구나 생각되니 내 마음도 덩달아 푸근해졌다. 낮 시간에 안부전화도 할 수 있을 만큼 동생은 오늘 약비가 주는 보약 같은 휴식을 만끽하고 있는 모양이다. 가을걷이도 다 끝났을 동생네가 오늘의 비를 맛있는 떡이라도 해 먹으면서 쉬는 떡비로 즐겼으면 좋겠다.

농사란 비가 어떻게 와주느냐에 따라 그 성패가 가늠되게 마련이다. 특히 일 년 농사를 시작하는 중요한 시기인 봄철에는 비록 일비일망정 자주 비가 내려 주어야 한다. 바쁜 농사 준비를 재촉하는 일비는 농부에게는 힘겹고도 반가운 봄비다. 보슬보슬 보슬비로 내리고 부슬부슬 부슬비로 뿌리면서 그 어감처럼 폭신하게 흙을 부풀리느라 일비도 농부들 만치나 바쁘다.

봄에 비해 일거리가 많이 줄어드는 여름에는 하루 이틀쯤 비가 내린다고 해도 농부들은 크게 걱정하지 않는다. 오히려 시원한 장소를 찾아 낮잠 자기에 안성맞춤이라고 그런 비에는 잠비라는 귀여운 이름을 붙여 주었다. 귀엽기로 치자면 한여름 무더위 속에서 만나는 한순간의 여우비를 빼놓을 수 없다. 상큼한 오이 맛 같고 깜짝 반가운 손님 같은 여우비. 그러나 가뭄이 심할 때는 무심하게 잠깐 뿌리고 가버리는 여우비만큼 원망스러운 비가 없기도 하다.

나는 여름비 맞기를 좋아한다. 가슴속까지 스며드는 청량감도 좋지만, 여간 젖어도 감기에 걸릴 염려가 없으니 마치 배려 깊은 친구 같아 좋다. 장마 때 우산 없이 나선 외출 길에서, 갑자기 만난 소나기를 피해 남의 집 처마 밑에 섰다가 웃비만 그으면 곧장 나서서 걷는 기분. 그 드문 기회는 특히 내가 좋아하는 순간이다. 장맛비는 내렸다 그치기를 반복하기가 십중팔구여서 그런 날은 별로 흉하게 보이지 않고도 마음껏 비를 맞을 수 있다. 장마의 옛 이름은 오란비다. 오란비가 크게 내려 홍수가 지다시피 하면 시골은 물론이지만 도시의 길바닥도 미끈미끈한 개흙 같은 것들로 지저분해진다. 그런 때 멎었던 비가 다시 내려 지저분한 명개를 부시어내는 일이나 그런 비를 개부심이라고 하는데 요즘은 듣기 어려운 이름이다. 장마철인데도 비가 거의 오지 않으면 마른장마라고 한다.

초가을에 실속 없이 오다말다 하며 여러 날을 끄는 비를 건들장마라고 하는데 마른장마와 달리 무척 귀에 선 이름이다. 실없이 건들거리는 한 건달의 모습이 눈앞에 그려질 듯한 재미

있는 이름이다.

찬비 내리는 겨울날은, 따끈한 온돌방에 들어앉아 술이나 한잔 하면서 놀기에 딱 좋은 날이다. 그래서 그런 비는 술비라는 이름을 얻었다. 농한기인 겨울철이야 어느 날이라고 술 먹기 좋은 날이 아니랴? 술 좋아하는 남정네들이 날마다 술타령하기 눈치 보여 공연히 비 핑계 대려고 만든 얄미운 이름이 아닐까 싶다. 그렇다고 겨울비는 아예 내리지도 말라고는 말일이다.

실제로 얄미운 비는 따로 있다. 오랜 가뭄이 계속될 때 한쪽에 햇살을 번히 보이면서 흩뿌리다 마는 해비는 눈이라도 흘겨주고 싶을 만큼 얄밉다. 가문 날씨를 놀리기라도 하듯 미처 땅에 닿기도 전에 말라 버리는 마른비나, 푸석거리는 먼지나 잠시 잠재울 뿐 뿌린 둥 만 둥한 먼지잼도 밉살스럽기는 마찬가지다. 여름철로 접어드는 5, 6월이나 겨울을 앞둔 9, 10월의 때 아닌 우박인 누리 역시 얄밉고도 원망스러운 비다. 내가 좋아하는 비가 날씨의 세력에 밀려 죄 없이 미움받는다 싶어 안타까운 이름들이기도 하다.

지역이나 기후가 다르면 비도 당연히 그 양상이 다르게 마련이다. 딸아이가 살고 있는 중국 항주杭州를 가끔 오가는데, 항주는 봄철 내내 안개가 짙고 비가 잦은 곳이다. 예부터 수많은 시인들이 찬사를 아끼지 않을 만큼 항주의 봄비는 깊은 정취情趣가 느껴진다. 부채질을 하면 비단폭처럼 휘날릴 것 같은 가늘디가는 는개가 몽롱하게 시야를 가리는 풍경은 참 인상적이다. 입술을 간질이는 솜털 같은 이슬비와 귓가에 소곤대는 밀어 같은 가랑비는 빗발이 그렇게 부드럽고 섬세할 수가 없다. 옛 시인들이 표현한 '세우細雨'라는 말 대신 '명주실 絲' 자를 붙여 '사우絲雨'라고 예찬해 주고 싶다. 그러나 정취 깊은 항주의 봄비에는 한 가지 큰 불만이 있다. 낮에는 온통 안개에 휩싸이고 밤이면 어김없이 도둑비가 내리니 빨래 말려 입기가 힘들다는 것이 그 불만이다.

처음으로 항주의 봄비를 만났던 날. 수양버들이 휘늘어진 운하를 지나다가 작은 꽃봉오리가 터지듯 토닥토닥 듣는 비꽃을 만났다. 비꽃은 곧 잘디잔 잔비로 변했고 얼마 지나지 않아 주욱 죽 길게 금을 긋는 실비로 변해 갔다. 약간씩 바람이 일기 시작하면서 우산 밑으로 바람비가 비껴들었다. 물결처럼 흐느적이는 버들가지를 휘감으며 이리 휘청 저리 휘청 희롱하는 바람비의 춤판이 선정적이기까지 했다. 끝없이 늘어선 무희들이 운하를 따라 출렁이는 듯한 연녹색 군무는 참으로 장관이었다.

원래부터도 비 맞기 좋아하는 내게 항주의 봄비는 유혹이었다. 고운 떡가루가 내리 듯 포슬포슬 가루비가 뿌리면 밖으로 향하는 발길을 자제할 수가 없었다. 속눈썹 위에 내려앉는 가볍고 투명한 가루비는 옷이 폭 젖어도 비를 맞는 실감이 나지 않았다. 싸라기처럼 싸락싸락 내리는 싸락비의 속삭임은 또 얼마나 소곤소곤 정답던지. 다정한 연인의 팔에 어깨라도 내어 맡긴 듯 전율 같은 희열이 온몸을 타고 흐르는 싸락비였다. 이 빗속에서라면 시인이 아닌 사람이라도 시를 쓰겠다 싶었지만, 안타깝게도 나는 시인이 아니요 시인이 아닌 사람도 아니었다.

아무리 비 맞기를 좋아한다고 해도 생각 없이 아무 비나 맞고 다니는 것은 금물이다. 밤비나 겨울비는 물론이지만 너무 이른 봄의 이른비나 늦가을의 늦은비는 건강을 해치기 쉬우니 맞을 일이 아니다. 마치 뒤끝이 깔끔하지 못한 사람처럼 주춤거리는 궂은비 역시 맞고 싶지 않다. 그리고 무엇보다도 우레비 쏟아지는 날의 공포심까지 즐기고 싶지는 않다.

우레가 없어도 그에 못지않게 위협적인 장대비에 주눅이 들었던 적이 있다. 인도네시아의 자카르타에서였다. 바람 한 점 없고 예고 한 마디 없이 득달같이 쫓아오는 굵고 세찬 작달비가 한 달여를 머무는 동안 내내 이삼 일을 넘기지 않고 한두 시간씩 쏟아졌다. 무더기로 퍼붓는 모다깃비가 미처 피하지 못한 내 정수리에 알밤을 콱콱 먹이는 바람에 질겁해서 집으로 뛰어 들어가곤 했다. 예전에는 집을 지으려면 먼저 굵은 나무 토막이나 쇳덩이 같은 달구로 터를 다지는 작업을 했다. 마치 그 달구로 땅을 짓찧듯 거세게 몰아치는 달구비에 뭇매를 맞으며 견디는 아열대의 거목들이 시원해 보이기에 앞서 안쓰러운 마음이 들었다. 내가 알고 있는 세찬 비 이름을 이렇게 다 동원

해도 그 엄청난 소나기의 기세를 표현하기에는 부족할 듯하다. 국문학자인 어떤 선생님은 '자장면은 짜장면이라고 말해야 맛이 난다.'고 하셨는데, 나도 자카르타에서 만난 소나기는 소나기가 아니라 쏘나기 또는 쏘낙비라고 말하고 싶다. 그리도 퍼붓던 비가 갑자기 뚝 그치고선 언제 비가 왔더냐 싶게 불 같은 햇살이 번쩍거리는 데에는 어이가 없던 생각이 난다.

동생네가 농촌에서 터를 잡고 살기 시작한 이후로는 나도 비에 따라 엇갈리는 농사의 희비에 신경이 쓰인다. 가뭄이 계속되거나 장맛비가 너무 오래 갈 때는 걱정이 되어 동생네로 전화를 해보기도 한다. 그런 때는 내가 좋아하는 비에게도 전화 한 통 걸어보고 싶어진다.

# 무인도로 떠나보기

어떤 자리에서 누군가가 물었다. 꼭 필요한 물건 세 가지만 가지고 혼자 열대지방의 무인도에 가서 살아야 한다면 무엇을 가지고 가겠느냐고. 이거다 저거다 여럿이서 한동안을 떠들었다. 그러다가 "아니야, 난 그냥 알몸으로 떠나겠어." 라는 내 말에 한바탕 웃음으로 결론 없는 애기를 끝냈다.

우스개로 한 질문과 답이었지만 실없게도 그 세 가지의 물건에 대해 다시 생각하게 된 날이 있었다. 계절이 바뀌어 옷 정리와 함께 집안 대청소를 하던 날이었다. 속물스러울 만치 많은 내 옷가지들에 질리면서, 이것들을 모두 싹 쓸어 없애고는 살 수가 없을까 라는 생각과 함께 문득 그날의 질문이 떠오른 것이다.

얼른 생각에는 가져가고 싶은 물건이 너무 많을 것 같았지만 막상 시작해보니 꼭 그렇지만도 않았다. 처음에 성경책 한 가지를 별 망설임없이 선택했을 뿐 나머지 두 가지는 쉽게 골라지지가 않았다. 물론 처음에는 가져가고 싶은 물건이 정해진 숫자보다 많았다. 그러나 그 상황은 오래 가지 않았다. 생각이 길어질수록 가져가고 싶은 물건이 점점 더 없어지는 것은 참 의외였다.

생각 끝에 선택보다 버리기를 먼저 해보기로 했다. 절대로 가져갈 수 없는 집을 제일 먼저 버리고, 전기가 없으면 전자제품이야 있으나 마나고, 세간도 그릇도 모두 소용없고 … 하는 식으로 물건들을 하나씩 버려 보았다. 옷뿐만 아니라 일상적으로 사용하는 물건과 집안 곳곳에 쟁여둔 물건이 그렇게나 많다는 사실에 새삼 놀랐다. 내 한 몸 지탱하는 데에 이렇게나 많은 물건이 왜 필요할까 라는 회의가 들기도 했다. 구석구석을 다 조사한 것도 아니니 당장 드러나지 않은 물건도 상당수일 것이 뻔했다.

그런데 버리기의 끝에는 성경책 한 권이 남아 있었다. 선택하기를 먼저 했을 때와 똑같은 결과였다. 빈 몸으로 떠나겠다던 우스개 같은 그날의 내 대답이 대충 정답이었던 셈이다. 많은 물질을 소유한다는 것이 얼마나 허망한 짓인가 라는 결론만을 안고 떠나야 할 듯싶었으니 그 순간 외람되게도 아씨시의 성 프란시스코의 가출을 떠올리기도 했다.

그래도 이번에는 일이 좀 쉬울 것 같았다. 제일 마지막에

버린 것부터 시작해서 도로 주우면 될 일이니까. 마지막에 버린 것은 세계문학전집이었고 그 앞은 커피 그리고 그 앞에 버린 것은 애완견이었다. 그러나 역시 간단한 문제는 아니었다. 커피 아니면 애완견이 세 번째로 선택되어야 할 터이지만 그 둘에는 아무래도 좀 문제가 있을 듯싶었다. 좋아하는 커피라고는 해도 도대체 얼마나 많은 양을 들고 가서 언제까지 즐길 수가 있겠는가. 그리고 이 질문의 조건이 물건인 만치 아마도 생물은 아니리라 싶어 개는 제외해야 될 것 같았다. 결국 애완견 앞에 버렸던 앨범이 세 번째로 선택되었다. 실상 온갖 물질을 다 버린다 해도 추억까지 버리지는 못할 터이니 앨범을 가져가는 것이 미상불 옳은 일이기는 했다. 돋보기안경이 없으면 그 모든 것이 다 소용이 없겠기로 돋보기는 그냥 얹어 가는 것으로 했다.

사람은 자신이 바라는 것을 모두 가질 수는 없지만, 자기가 가진 것을 모두 포기할 수는 있기에 포기가 소유보다 더 쉽다고 누군가 말했다. 사실 처음 얼마간은 별 미련 없이 버릴 수가 있어서 포기가 더 쉽다는 말이 실감되었다. 그러나 버리기가 계속되면서 점차 망설여지는 물건이 늘어나기 시작했다. 실제로 이번 기회에 꽤 많은 물건을 버렸는데, 물건을 버리려면 그 물건에 대한 마음을 먼저 버려야 한다는 것을 알았다. 특별한 추억이나 의미가 있는 경우에는 정작 물건을 버리기보다 마음을 버리기가 더 어려웠다. 애증과 집착이라는 갈등은 단지 인간관계 속에만 있는 것이 아니라 내가 소유한 물건과의 관계에도 엄연히 존재하고 있었다. 물건을 버리는 마음이 이렇게 무거울 때에야 사람을 버려야 할 경우에는 얼마나 더 마음이 무거울까 라는 생각이 들기도 했다.

모든 물건을 버리고 마음도 버리고 무인도로 떠난다는 생각이, 육신마저도 버리고 떠나는 죽음이라는 생각으로 자연스레 연결이 되었다. 태초의 원시로 떠나거나 죽음의 세계로 떠나거나 실제로 내게 필요한 것이 이 많은 물건 중에 아무것도 없다는 사실이 새삼 기이하게 느껴지면서 잠시 허탈감이 들었다. 될 수 있는 한 버리고 그리고 포기하면서 최소한의 것으로 만족하는 생활을 꿈꾸어 보지만 말 그대로 꿈에 지나지 않을 터. 역시 삶이 끝나는 날에나 벗을 수 있는 짐이다.

이제 남은 생은 좀 덜 소유하고 덜 소비하면서 단순하게 살았으면 좋겠다. 성경책을 선택한 마음으로, 육신의 즐거움을 찾기보다는 영혼을 맑게 가지는 데에 관심을 가지고 싶다. 문학전집을 선택한 마음으로, 허망한 인간사에 시간을 빼앗기기보다는 좋은 책 속에서 나이만큼의 현명함을 얻고 싶다. 그리고 앨범을 선택한 마음으로, 지난날의 회한을 아파하기보다는 무인도로 떠나 온 사람처럼 이렇게 이만치 떨어진 자리에서 그 모든 세월을 담담히 바라보고 싶다.

# 세모시 옥색 치마

올여름은 아마도 다른 해보다 시원하게 잘 지낼 수 있을 것 같다. 기온이 높지 않아서가 아니라 내가 여름을 날 준비를 잘 해둔 덕이라고나 할까. 더위가 시작되기 전에 여름 맞을 준비로 바느질을 한바탕 했다. 지난번에 끊어다 둔 모시로 가족들의 속옷을 만들고, 낡은 삼베이불을 개비하려고 모시 홑이불도 두어 개 박았다. 손자 녀석들을 위한 땀띠 방지용 모시 조끼와 반바지 그리고 내 옷도 한 벌 만들었으니 바느질을 꽤 많이 한 셈이다. 재봉틀을 집어넣으면서 이미 올여름 더위를 다 물리친 듯이 가슴이 후련했다.

아이나 어른이나 여름을 나는 데에는 무엇보다도 입성이 가볍고 시원해야 한다. 시원한 여름 입성으로야 모시나 삼베를 덮을 만한 것이 또 있을까? 욕심을 낸다면 세모시처럼 좋은 것이 없지만 여간 비싸지 않으니 아예 엄두도 내기 어렵다. 값이 훨씬 덜한 발 굵은 모시도 여름나기에는 전혀 손색이 없다.

사실 모시옷의 시원한 맛을 나는 젊어서는 잘 몰랐다. 자랄 때는 어머니가 여름이면 내게 모시 속바지를 입히려고 무던히 애를 쓰셨지만 나는 기어이 입지 않았다. 빳빳한 모시가 내 겉옷 맵시를 망가뜨릴 것 같기도 했지만 그보다는 꺼끌꺼끌하니 따끔거리며 살을 찌르는 것이 영 싫었다. 이부자리로는 좋아했으니 그 시원한 감촉을 모르는 바는 아니었지만 옷으로 입고 싶지는 않았다.

내가 모시 속옷을 즐겨 입게 된 것은 꽤 나이 들어서인데, 이상하게도 내 딸아이들은 나와는 달리 일찍부터 모시 속옷을 아주 잘 입었다. 여학교 시절에도 여름이면 항상 내가 만들어 준 인조나 모시 속바지를 찾아 입었는데 지금까지도 여전히 그렇다. 입으면서 시원해 좋다는 말은 해도 모시가 너무 빳빳해 싫다거나 살을 찌른다는 말은 한 적이 없다. 이 어미와는 사뭇 다르다 싶어 좀 신기하기도 하지만 그럴 만한 이유가 통 없지는 않은 것 같다. 어머니와 달리 나는 아이들의 모시바지에 풀을 먹이지 않는데 아마도 그래서 별 군소리 없이 입는 것이지 싶다. 모시옷은 풀을 먹이지 않아도 꽤 빳빳해서 꼭꼭 잘 밟아 말리면 하루 이틀쯤 입는 데에는 별 문제가 없다. 그러나 풀을 먹이지 않고 입는 모시옷은 수명이 짧아져 아까운 것이 탈이기는 하다.

이렇게 불볕 쏟아지는 날은 외출을 삼가고 집에서 시원하게 지내는 비법이나 동원해 볼 일이다. 사실 비법은 아니다. 선풍기 바람은 싫고 에어컨은 더 싫은 내가 남들도 다 아는 피서방법을 나름대로 비법으로 치고 있는 것뿐이다. 우선 냉기만 가신 미지근한 물로 천천히 샤워를 한다. 창문은 모두 열어두고 거실 바닥에 돗자리를 깐다. 다시 말하는데 비법이 통 없지는 않다. 내 손으로 직접 만들어서 더욱 시원하다고 믿는 모시 등거리와 반바지가 사실은 내 비법이다. 그 서늘하고 깔깔한 비법을 간단하게 걸치고 돗자리 위에 벌렁 드러눕는다. 그러고는 눈을 감고 등에서부터 스며들어오는 서늘한 감촉을 만끽한다.

"세모시 옥색 치마 금박 물린 저 댕기가 ⋯."

의도하지 않아도 저절로 여름 노래 한 자락이 흘러나온다. 그러노라면 안개처럼 몽롱하게 저- 쪽에서 한 여인이 나를 향해 다가오는 모습이 아른아른 보인다. 하얀 세모시 깨끼적삼에 옥색치마, 한 손에는 흰 손수건을 접어 쥔 한 여인이 조용한 걸음걸이로 내게로 다가온다. 내가 초등학교에 다니던 때의 어머니다. 어머니의 모시 치맛자락에서 불어오는 선선한 옥색 바람이 내 이마에까지 살랑살랑 와 닿는다.

우리의 초등학교 시절에는 '사친회'라는 것이 있어서 학부형 모임이 자주 있었다. 그런 날이면 한복을 곱게 입고 학교에 오시는 어머니가 자랑스러웠다. 그런데 내 기억에는 비단옷을 입은 어머니보다는 흰 세모시 깨끼저고리와 옥색치마를 입은 여름날의 어머니 모습이 유독 또렷하게 남아 있다. 사친회가 있는 날은 학교가 좀 일찍 파했다. 집으로 돌아가는 중간쯤에서, 우리와 반대로 학교로 가는 어머니를 만나게 되었다. 어머니가 입은 옥색 치마는 멀리서도 알아볼 수가 있을 만큼 환하고 아름다웠다. 흰 레이스 파라솔로 뜨거운 햇살을 가리고 반듯한 걸음걸이로, 마치 어머니가 걷는 것이 아니라 옥색치마가 걷는 듯이 다가 오셨다. 약간 살이 찐 데에다 키가 큰 편이라 어머니는 옷매무새가 아주 보기 좋았다. 촉감이 찬 인조 속옷과 풀을 먹여 주름살 하나 없이 다려 입은 빳빳한 모시 치맛자락 사이에서는 시원한 옥색 바람이 휘- 불어 나오는 듯했다. 치마 아래로 보이는 흰 고무신 코에도 옥색 무늬가 덧대어져 있어서 더욱 청량하고 시원한 느낌이 들었다. 모시 홑적삼을 입는 날은 모시가 워낙 얇아서 앞섶이 말려 올라가는 것이 좀 성가셨을 듯하다. 모시적삼 앞섶을 안쪽으로 매무시하며 자주 단속하던 어머니의 손짓이 떠오른다.

사실은 가족들의 속옷과 홑이불을 만든 것도 만든 것이지만 나를 위한 흰 모시 원피스 한 벌을 공 들여 지은 것이 자랑스럽다. 모시로 속옷은 더러 바느질해 입지만 겉옷으로 만들기는 이번이 처음이다. 겉감보다 좀 더 거친 모시로 안을 넣고, 소매는 7부 길이로 통을 좁게 했다. 옷 길이가 기름해서 얌전하고 치마폭은 여유가 있어 편안하다. 자투리 모시로는 꽃잎을 오려 속에 솜을 조금씩 넣으면서 도드라지게 아플리케로 수도 놓았다.

모시 원피스는 쌀풀을 약간 먹여 다린다. 어머니의 세모시 치마같이 얇고 화사하지는 않지만 깔깔한 촉감과 시원한 바람이 들락거리기로는 세모시에 뒤질 것이 없다. 모시 원피스를 입는 날은 어머니의 옥색치마를 떠올리면서, 어머니보다 내가 더 시원하게 입었다고 속으로 어머니께 자랑을 한다. 우선 한복치마와 달리 버선도 없이 발목이 훤히 다 드러나니 내가 더 시원할 테고 속옷 가짓수로도 어머니보다 적게 입었으니 내가 더 시원하지 않으냐고. 살아계셨다면 틀림없이 어머니는 당신의 옥색치마보다 내 흰색 원피스가 더 예쁘고 시원하다고 칭찬하셨을 것이다.

움직일 때마다 치맛자락에서 서늘한 바람이 이는 이 모시 원피스 한 벌이면 웬만한 더위쯤 이미 다 이겨낸 것이나 진배없다.

# 여왕 호사를 부리다

평소에 호사바치는 아니지만 나는 가끔 혼자 집안에서 호사를 부려보곤 한다. 눈이 부시도록 빨간 비단옷 한 벌을 뻗쳐입어 보는 것이다. 외출복으로는 입고 나가지 못할 만큼 너무 화려해서 말 그대로 호사다. 폭이 넓은 스커트는 중국 항주의 비단시장에서 떠온 실크로 재미삼아 직접 만든 것이고, 윗도리는 중국 한족 여자들이 입는 비단 전통의상이다. 그렇게 차려입고 거울 앞에 서서, 표정은 최대한 우아하게, 양손은 허리를 짚고, 가슴을 쓰윽 내밀며 이리 저리 몸을 돌려 본다. 아이들 말마따나 폼을 잡아 보는 것이다. 사치스럽기가 호사한 여왕이 따로 없다. 그렇게 한동안 집안을 휘젓고 다니다 보면 여간 언짢았던 마음이라도 훨씬 밝아지곤 한다. 입고 외출할 것도 아니니 유치하게 빨갛거나 말거나 나이에 어울리거나 말거나 따질 필요가 없는, 나 좋으면 그만인 일종의 퍼포먼스 호사라고나 할까.

사실은 이 경우에 호사라는 말이 적당한 표현이 아닐지도 모른다. 호사라는 말을 쓰는 것 자체가 호사일 듯도 하다. 내가 말하는 호사란 비단옷 같은 물질적 사치가 아니라 일상적인 즐거움에서 과할 만큼 크게 느끼는 행복감의 다른 이름이기 때문이다. 그런 일련의 퍼포먼스성(姓) 호사를 나는 물질적인 만족을 뛰어넘는 또 다른 차원의 만족으로 즐기곤 한다.

나의 호사는 아침에 잠을 깨면서부터 시작된다. 이 집의 여왕인 내 아침을 방해할 사람이 없으니 이 편안함이야말로 호사다. 박경리 선생의 "아아 편안하다 늙어서 이리 편안한 것을/버리고 갈 것만 남아서 참 홀가분하다." 라는 시 한 구절을 떠올리는 시간이다. 방해하는 사람이 아무도 없을 만큼 늙었다기보다는 그러기에 내 아침을 여유로운 호사로 즐길 수 있다고 생각해 보면 얼마나 편안한 나이인가? 일찍 일어나야 할 계획이 없는 한 아침 잠자리에서 내가 제일 먼저 하는 행동은 머리맡의 오디오 리모컨을 집어드는 일이다. 음악을 켜는 데에는 아직 눈이 채 떠지지 않았더라도 상관없다. 내가 좋아하는 음악이 흘러나온다. 음악은 전날에 미리 준비해 둔 CD일 수도 있고 FM라디오 소리일 수도 있다. 음악을 들으면서 마음이 내키는 한 잠자리의 안락함을 즐겨도 그만이고 시장기가 느껴질 때까지 실컷 게으름을 부려도 그만이다. 이만한 아침이면 호사지 뭔가.

혼자 앉는 식탁이지만 식사 때에 나는 자신을 귀빈으로 초대한다. 편식은 하지 않는 편이고 원래 찬 없는 식사는 안 하는 습관이라 내 식탁은 그만하면 호사다. 아침 식사 후에는 한잔의 커피라는 본격적인 호사가 또 나를 기다리고 있다. 나는 여간해서 아침 식사를 거르지 않는다. 식후에 마시는 한잔의 커피 때문에 서둘러 아침을 먹는다. 좋아하는 커피이기는 해도 원래 위장이 좋지 못해 빈속에는 마시지 않기 때문이다. 즐기는 만큼 커피는 될 수 있는 한 우아하게 마시는 것이 내 식이다. 그래서 나는 나만의 커피 잔을 하나 따로 가지는 또 하나의 호사를 누리고 있다. 그림이 아름다워서 전부터 가지고 싶었던 커피 잔 한 벌을 언젠가 아이들에게서 생일선물로 공출받았다. 내 형편에 비해 비싼 물건이니 사치요 호사가 틀림없다.

외딸로 자라서 그런지 원래부터 나는 혼자서도 잘 노는 성미다. 혼자서 영화 보러 가고 쇼핑하러 가고, 혼자 식당에 들어가서 식사도 한다. 혼자 지내는 생활이란 가끔은 외로울 때도 있지만 나는 마음 편하게 즐기는 편이다. 집에는 내 손길을 기다리는 일감이 항상 쌓여 있어서 사실 외로울 짬 같은 것은 별로 없다. 바느질거리에 뜨개질거리에 그뿐인가 그리다 둔 그림에 읽던 책까지 온통 집안에 어질러진 이 모두가 내 손길을 기다리는 호사의 증좌다. 나는 유치하다고 할 만큼 알록달

록한 색깔을 좋아한다. 아름다운 색깔을 즐기면서 자질구레한 소품들을 만들고 때로는 선물을 하기도 한다. 그런데 선물받은 사람의 눈에도 그 물건이 좋아 보일지에 대해서는 전혀 신경을 쓰지 않는다. 그 역시 나 좋으면 그만인 호사의 일환이니까. 여러 가지 색깔을 사랑하고 즐기면서 시간을 수놓는다는 것은 동심을 잃지 않은 증거라고 자화자찬한다. 나이 먹어도 색깔에 대한 사랑이 식지 않는다는 것은 얼마나 고마운 일인가?

게다가 책 읽고 글 쓰고 음악도 듣고 싶으니 낮잠 한숨 잘 사이 없이 짧은 하루해가 저문다. 이처럼 취미를 즐기면서 날이 지고 밤이 새니 내가 너무 지나치게 호사를 누리는 것은 아닐까? 별다른 걱정거리만 없다면 지나친 호사가 맞기는 하지만, 세상에 근심걱정 없는 사람이 어디 있으랴. 남들 다 가진 근심을 나라고 안 가졌을 리 없고, 싫어도 겪어내야 하는 잡다한 고민거리가 내게라고 없을 리 없다. 일상의 크고 작은 근심걱정일랑 그렇게 호사하는 시간 속에 희석시키고 흘려보낼 수 있으니 역시 호사란 좋은 것이다.

내가 호사라는 이름으로 표현한 나의 행복감이란 따지고 보면 사실 흔하고 예사로운 일상에 불과하다. 행복이란 즐기는 일을 하면서 보람을 느끼는 것이고 그에서 얻게 되는 희열이라고 나는 생각한다. 그리고 보람이란 일의 규모나 내용과는 전혀 상관이 없다고 믿는다. 이름을 드러내거나 그럴 듯한 예술품을 만들어 보겠다는 터무니없는 욕심은 가져본 적도 없다.

그저 나름대로 애정과 열성을 기울여 좋아하는 것을 만들고, 그에 만족하고 성취감을 얻는다면 그로써 행복하고 보람을 느낀다.

요즘 사람들은 음식 간만 잘 맞아도 "예술이다!" 라고 표현하는데 나는 그 말이 참 멋진 칭찬이라고 생각한다. 무엇이 되었든 좋아하는 일에 열정을 기울이면서 희열을 느낀다는 것은 확실히 예술이다. 그런 식으로 말하자면 나도 이런저런 예술을 즐기며 호사하는 예술가가 아닐까?

그러나 사실대로 말하자면 나는 그저 자질구레한 취미와 관심사가 많은 혼자 바쁜 사람일 뿐이다. 옛말에 '열두 가지 재주 가진 놈이 끼니가 간 데 없다.'고 했는데, 이 말은 친정어머니가 살아계실 때 항상 나를 지칭구하시던 말씀이다. 한 가지 일에 전념해서 취미나 소질을 제대로 키우지 못한 것이 후회될 때면 어머니의 그 말씀이 떠올라 가슴 저릴 때도 있다. 그러나 오히려 그러기에 나의 매 순간이 부담 없고 자유로운 갖가지 호사로 채워질 수 있다고 생각하면 그리 안타까울 것도 없다. 세상만사 마음먹기 나름 아니던가? (2010)

# 쥐뿔도 모르면서 아는 체는

내게는 들을 때마다 참 기분 상하는 말이 하나 있다. 단 한 사람에게서 가끔 그 말을 듣곤 한다. 내가 그렇다는 걸 잘 알아서 그런지 내 자존심을 건드리고 싶을 때 남편이 나를 약 올리는 말이다.

"쥐뿔도 모르면서 아는 체는."

나는 여태껏 뿔이 난 쥐가 있다는 소리는 들어본 적이 없다. 쥐뿔을 봤다는 사람도 만나 본 적이 없다. 그런데 왜 그런 말이 생겼는지 참 궁금하다. 그 기원을 알고 보니 뜻밖에도 잘 알려진 한 민담民譚에서 비롯된 말이었다.

옛날에 한 남자가 살았다. 그는 저녁을 먹고 나면 으레 윗방으로 올라가 새끼를 꼬곤 했다. 어느 날도 한참 새끼를 꼬고 있는데 방구석의 쥐구멍에서 생쥐 한 마리가 살며시 머리를 내미는 것이었다. 남자가 짐짓 모른 체하고 있자 생쥐는 살금살금 기어 나와 요리 조리 방안을 얼쩡거렸다. 녀석의 하는 양이 괘씸하기는 했지만 귀엽기도 해서 쫓지 않고 그는 옆에 있던 누룽지를 조금 떼어 놓아 보았다. 생쥐는 겁도 없이 쪼르르 달려와 누룽지를 야금야금 먹어치웠다. 그날 이후로 남자는 매일 생쥐에게 먹을 것을 조금씩 챙겨 두었다 주게 되었다.

어느 날 남자는 외출할 일이 있었다. 그런데 일을 마치고 집에 돌아와 보니 경천동지驚天動地할 사건이 그를 기다리고 있었다. 자기와 똑같이 생긴 한 남자가 저고리 앞섶을 풀어헤친 채 안방 아랫목을 떡- 하니 차지하고 앉아 있는 것이 아닌가? 혼비백산 놀란 남자가 소리를 질렀다.

"너, 너 이놈 네가 누구관데 내 집 안방에 들어앉아 있는 것이냐!"

그 남자 역시 벌떡 일어서며 질세라 냅다 소리를 질렀다.

"너 이놈- 너야 말로 누구기에 남의 집 안방을 제 집 들어오듯 들어온단 말이냐!"

남자는 소리소리 지르는 한편으로 재빨리 그 녀석을 훑어보았지만, 세상에 어쩌면 그렇게도 그 놈이 나와 똑같이 생길 수가 있는지 도무지 모를 일이었다. 온 가족과 이웃이 다 몰려나와 요모조모 뜯어보았지만 누가 진짜 이 집 주인인지 도저히 분간할 수가 없었다. 두 사람을 따로 세워 집안 내력과 제삿날을 묻기도 하고 부부간의 비밀스러운 일을 물어보기도 했지만 대답은 똑같았다. 고심 끝에 부인이 마지막으로 물었다.

"그러면 우리 집 부엌에 그릇이 몇 개나 있는지를 아십니까?"

무엇 떨어질까 무서워 부엌이라고는 들어가 본 적이 없는 남자가 자기 집에 그릇이 몇 개나 있는지를 어떻게 알겠는가. 한 남자만이 정확하게 그릇 수를 말할 수가 있었다. 그러자 사람들은 모두 그가 진짜라고 판단하면서 그릇 수를 맞히지 못한 남자를 몽둥이로 두들겨 내쫓고 말았다. 마른하늘에서 떨어진 날벼락에 맞은 남자는 하루아침에 그만 거지신세가 되고 말았다.

어느 날 다 저녁에 그는 한 절간으로 찾아 들어 밥 한 술과 잠자리를 얻었다. 그는 스님과 이런 저런 얘기를 나누다가 그 끝에 자기 신세한탄도 털어놓게 되었다. 남자의 사연을 듣고 난 스님이 말했다.

"그 남자는 바로 당신이 먹을 것을 주었던 그 생쥐요. 음식을 훔쳐 먹으려고 부엌을 샅샅이 뒤지고 다녔을 터이니 그릇 수를 다 알밖에."

그 말을 들은 남자는, 그러면 내가 지금 당장 달려가서 그 쥐새끼를 때려잡고 말겠다고 벌떡 일어섰다. 스님은 남자를 말렸다. 당신이 지금 가서 내가 정말 주인이라고 말해 본들 누가 당신 말을 곧이듣겠느냐면서. 생각해 보니 딴은 그렇기도 해서 그럼 어찌 하면 좋겠느냐고 남자가 물었다. 스님은 자기가 키우고 있던 고양이 한 마리를 남자에게 주며 말했다.

"자, 이 고양이를 숨겨 가지고 가서 이리저리 해 보십시오."

한달음에 집으로 달려간 남자. 마당에 들어서는 길로 벼락같이 고함을 질렀겠다.

"야! 이 도적놈아 당장 이리 나오지 못하겠느냐 -."

방에 있던 남자가 깜짝 놀라 뛰쳐나오면서 마주 소리를 질렀다.

"저런 괘씸한 놈을 보았나. 저 놈이 그렇게 맞고서도 아직 정신이 덜 들었구나. 마당쇠야 - 얼른 가서 큼직한 장작개비 하나 가지고 오너라."

온 가족이 다 몰려나와, 거지꼴이 된 남자를 향해 욕설을 퍼부으며 쫓아내려 했다. 그러자 남자는 숨겨 온 고양이를 얼른 마당에 내려놓으며 외쳤다.

"너 이놈- 이래도 네가 큰소리를 칠 테냐?"

고양이를 보는 순간 마루 위의 남자는 얼굴이 새파랗게 질렸고, 고양이는 잽싸게 달려 올라가 남자의 목을 물고 늘어졌다. "찌-익" 비명을 지르며 나가떨어진 남자는 순간 생쥐로 변해버리고 말았다. 고양이는 그 생쥐를 맛있게 먹어치웠다. 가족들과 재회의 기쁨을 나누면서 남자가 아내에게 말했다.

"여보, 당신은 나와 함께 산 세월이 얼마인데 그래 내 뿔인지 쥐뿔인지 구별도 못했더란 말이오?"

말하기 참 민망하지만 여기서 뿔이란 물론 남자의 생식기를 뜻하는 말이다. 당연히 알아야 할 것도 모르는 주제에 잘난

척 나서지 말라는 뜻으로 사람들은 '쥐뿔도 모르면서'라고 말한다. 사실 내 경우에도 주로 잘난 척 나서다가 남편에게서 이 지청구를 듣는 것이 사실이다. 그래서 쥐뿔은 내가 잘못 알고 있던 지식이 탄로날 때면 옳다구나 하고 내놓는 남편의 고소한 깨소금이요, 자기가 내놓은 오답을 내가 즉시 정답으로 교정했을 때 남편이 내게 날리는 비난의 화살이다. 그것 좀 안다고 톡 나서며 아는 체하는 내가 실상 얄밉기는 할 게다. 자존심 상해 주려고 그러는 것은 아니고 그저 내 성격일 뿐인데, 남편은 무시당한 기분이 들고 쥐뿔이 뭔지 모르는 나는 마음이 상하고 만다. 사실 남편도 이 쥐뿔이 그 쥐뿔인 줄은 모르고 쓰고 있을 것이다.

그런데 그 쥐뿔이 이 쥐뿔인 것을 알고 나니 이젠 그 말을 듣더라도 욕먹는 기분까지는 들지 않을 것 같다. 여기서 한 가지 떠오르는 생각이 있다. 이 이야기는 어쩌면 남편에게서 심한 스트레스를 받고 사는 어떤 불쌍한 아내가 만든 것이 아닐까 라는 생각이다. 그 남편은 아마도 성질이 아주 나쁘거나 아내를 무시하고 학대하거나 또는 지독히도 구두쇠였을 것이다. 그녀는 이런 상상을 하는 것만으로도 반분은 풀면서 살지 않았을까? 실제로 이 이야기는 욕심 사납거나 포악한 남편 또는 구두쇠나 옹고집 같은 못된 남자들이 혼찌검 당하는 교훈용으로 주로 응용되고 있다.

남편은 그날 기분에 따라 내게 쥐뿔이라고도 하고 개뿔이라고도 하는데 사실 더 자주 들먹거리는 것은 개뿔이다. 똑같은 이야기지만 쥐가 아니라 개로 전해지는 지방도 있어서 개뿔이라고도 쓰는 것이 사실이라고 한다. 그러니까 개뿔이든 쥐뿔이든 그 쓰임새는 거의 같다고 보아야 하지만, 막상 듣는 나는 그날 뿔의 임자가 누구냐에 따라 기분이 더 상하기도 하고 조금 덜 상하기도 한다. 쥐에게 먹이를 준 것이 남편이 아니라 아내라는 이야기도 있다. 그렇다면 크산티페가 무색할 악처에 시달리던 어느 공처가 남편이 지어낸 이야기일지도 모르겠다. 그 남편 역시도 이 이야기로 스트레스 해소 하나는 확실하게 했으리라 싶다. 나도 그동안 쥐뿔 특히 개뿔에서 받은 스트레스를 정산할 겸 남편에게 한 마디를 해볼까 말까 망설이는 중이다.

"그래, 그럼 내가 지금부터 쥐뿔인지 뉘 뿔인지 한 번 알아보기로 할까요?" (2010)

## ■ 연보

- 1944년…평안북도 의주에서 출생
- 1947년…부모님과 함께 월남하여 서울 도착
- 1949년…부산으로 이사
- 1950년~1962년…초 · 중 · 고등학교 입학 졸업
- 1962년~1964년…부산 교육대학 입학 졸업
- 1964년부터…교사로 근무
- 1968년…결혼
- 1969년~1971년…딸 둘을 둠
- 1994년…서울로 이사
- 1996년…백화점 문화센터에서 수필공부 시작
- 1997년… 《수필공원》 (현 에세이문학)에 〈어머니의 빨간 스웨터〉초회 추천
- 1998년… 《수필공원》 에 〈이 선생네 천사〉 완료 추천
- 2006년…첫 수필집 《나는 마음씨 좋은 여왕》 출간
- 2010년…두 번째 수필집 《여왕 호사를 부리다》 출간
- 2010년 현재…에세이문학 이사, 에세이문학 작가회 회원, 그레이스 문우회 회원, 문화센터 수필강사

현대수필가 100인선 · 90
김예경 수필선

# 수탉도 수탉 나름


초판인쇄 | 2011년 8월 1일
초판발행 | 2011년 8월 5일

지은이 | 김 예 경
펴낸이 | 서 정 환
펴낸곳 | 좋은수필사

주　소 | 서울시 종로구 익선동 30-6
운현신화타워 빌딩 3층 305호
전　화 | 02)3675-5635, 063)275-4000
등　록 | 1984년 8월 17일 제28호
홈페이지 | http://www.shin-a.co.kr
e-mail | essay321@hanmail.net

값 7,000원

ISBN 978-89-5925-359-3 04810
ISBN 978-89-5925-247-3 (전 100권)